Kiki T. LEE

***PAUSCHALURLAUB***

**Kiki T. LEE**

# PAUSCHALURLAUB

**Science Fiction - Satire**

Impressum

1. Auflage
Erscheinungsdatum: 2024



Verantwortlich
für den Inhalt: Kiki Tabiri
Haßfurter Straße 8
97475 Zeil am Main

Druck: epubli – ein Service der Neopubli GmbH, Berlin

**Ein Skandal ist ein Skandal ist ein Skandal …**

Nur, was passiert, wenn der größte Skandal aller Zeiten aufgedeckt und mehrfach getoppt wird?

# New York

Verflixt, ich weiß nicht, was ich anziehen soll! In einer Stunde bekomme ich die Story meines Lebens. Oder ich treffe mich mit einem Irren? Er behauptet das, was wir gemeinhin unter einem Pauschalurlaub verstehen, gebe es gar nicht.
Für den Informanten würde ich mich ja schick machen. Für den Irren hingegen würde es mein Jogginganzug tun. Quatsch! Mein Schlafanzug würde genügen!
Der Mann am Telefon nannte sich Ray. Seine Stimme klang tief, angenehm und seriös. Bin gespannt, ob sein Äußeres und vor allem seine angebliche Story dies bestätigt? Falls nicht, haue ich gleich wieder ab. Der Typ hat womöglich keine Ahnung, wie schwer es heutzutage ist, sich als Investigativjournalistin über Wasser zu halten?
Er hat mir gestattet, eine einzige Person einzuweihen und mitzubringen. Das ist natürlich Joe. Mit dem arbeite ich

seit fast zehn Jahren zusammen. Wenn ich einem vertraue, dann ihm. Und wenn mir einer nicht böse sein wird, für einen Fehlalarm, dann er. Okay, ich nehme doch die Jeans, ein weißes T-Shirt, Turnschuhe, thats it!

Je schicker das Hotel, desto legerer mancher Gast. Außerdem ist in New York alles möglich, nicht? Ich schlendere durch die Lobby, schiele auf meine Latschen, hebe den Blick und suche Joe. Hoffentlich kommt er pünktlich. Am liebsten wäre es mir, er wäre schon da und wir könnten uns noch ein paar Minuten unterhalten, bevor wir diesen seltsamen Mister Ray treffen. Joe plant meistens auf die Sekunde genau. Ob er verstanden hat, dass es dieses Mal um alles geht? Oder um nichts? Dann war das Ticket fürs Klosett und ich ärgere mich wahrscheinlich grün und blau. Das zahlt mir ja keiner. Und die Zeit ist auch futsch. Ich sinke in den hellgelben Ledersessel, gebe dem Kellner ein Zeichen und bestelle eine Latte.

Nur zwei Minuten später bringt er sie auf einem ovalen Teller, umrahmt von Früchten und Mürbegebäck. Ich zeige darauf und frage, ob das für mich ist. Er nickt, antwortet gut geschult: "Yes Madam, for free. Enjoy!"

Und schon ist er wieder weg.
Ich kaue nervös auf dem Gebäck herum, und denke, besser als auf den Nägeln. Das habe ich früher lange gemacht und es war schwer, damit aufzuhören. Erst als mir meine Mutter regelmäßig irgend so ein stinkendes Zeug auf die Nägel gestrichen hat, klappte es.
Inzwischen habe ich ja schon einiges gesehen. Aber so eine protzige Lobby wie hier?

Jemand tippt mir von hinten auf die Schulter und lacht. Joe weiß, dass ich das mit dem Antippen von hinten hasse, aber ich bin erleichtert ihn zu hören und drehe mich mit einem Lächeln um. Joe, der Witzbold, schleicht zur anderen Seite um mich herum und tippt mich von vorne an. Ich drehe mich wieder und schaue endlich in sein verschmitztes Gesicht. Joe hat unter seinem rötlichen Lockenkopf die schönsten Lachfalten, die ich jemals gesehen habe. Sie laufen seitlich seiner hellgrünen Augen und seitlich seiner vollen Lippen über das ganze Gesicht, bis zu den Ohren. Beinahe so, als habe er sein Leben lang nichts anderes getan als sich gefreut und gelacht. Dabei hat er mir von Erlebnissen erzählt, die alles andere waren, als lustig. Aber Joe ist hart im Nehmen, sonst hätte er ja nicht den Beruf gewählt. In Schale geworfen hat er sich auch – im Gegensatz zu mir. Das tut er sonst eher selten.

"Hey Mia! How are you? Nice to meet you here! Was für ein Zufall!", sagt er fröhlich.
Ich schüttle den Kopf, antworte übertrieben brav: "Fine. Was machst du denn hier in New York? Sachen gibts!"
Joe setzt sich in den Sessel gegenüber, schaut auf die Uhr, springt auf und sagt: "Okay, los geht's!"
Ich verschlucke mich an dem köstlichen Krümelzeug und huste. Joe haut mir kumpelhaft auf den Rücken. Er weiß, dass ich das nicht mag, aber er sagt lachend: "Wenn's Leben rettet?" Er fasst nach meinen Händen, zieht mich hoch und ergänzt: "Vielleicht hocken wir ja heute noch im Flieger, aber einen Versuch ist es hoffentlich wert."
Ich nicke und antworte: "Okay, schauen wir mal. Hast du unsere Luzi dabei?" Das Aufnahmegerät begleitet uns schon Jahre und war kürzlich in Reparatur.
Joe lacht wieder und sagt: "Jap, die ist wieder am Start. Im Notfall das Handy. Ich hoffe ja, dass das nicht reicht, aber befürchten tue ich ehrlich gesagt das Gegenteil. Los, lass uns gehen. Bin ja gespannt, ob der Vogel überhaupt auftaucht."

"Was wenn nicht?", frage ich, "bist du dann sauer auf mich?"
Ich spüre seinen Blick von der Seite und höre die erlösenden Worte: "Mensch Mia, war ich jemals sauer auf dich? Also, auf geht's!"
Ich nicke wieder, wir laufen zum Aufzug.

## Mister Ray

Im Lift losen wir per Schnick Schnack Schnuck, wer von uns den good und wer den bad cop spielt. Joe darf heute der Gute sein. Er grinst und sagt: "Na dann zeig mal was du drauf hast! Welche Zimmernummer?"
"3030. Ehrlich gesagt, ich würde nicht lachen, wenn es die gar nicht gibt!"
"Weißte was Mia? Dann gehen wir lecker essen, danach shoppen wir und dann geht's nach Hause. Easy going!"
"Ich glaube, ich habe genau den Richtigen gefragt", sage

ich Dankbar, so als wäre bereits alles verloren. Das Geld, die Zeit und nicht zuletzt unsere Nerven. Gut dass ich es wirklich nur Joe gesagt habe und sonst niemandem.

Der dunkelrote, dicke Teppich schluckt so gut wie jedes Geräusch. Wir laufen den langen Flur entlang. Plötzlich bleibe ich mit der Fußspitze hängen und knicke um. Joe fasst gerade noch rechtzeitig rüber und fängt mich auf. Er grinst, schaut mich verdutzt an und fragt: "Alles okay? Wie kannst du denn auf so einem Luxusbelag stolpern, hä? "
Ich schüttle meinen Fuß, antworte: "Weißt du doch, das ist kein Problem für mich! Easy!"
Wir lachen. Ich haue ihm auf den Arm und sage: "He, nicht so laut! Das ist ein vornehmes Haus!"
Joe sagt spitzbübisch: "Ja, aber jetzt sind wir hier!"
Ich bleibe stehen, atme durch und flüstere ihm zu: "Ich habe ein komisches Gefühl Joe!"
Er stoppt, sagt überrascht: "Echt? Hm …"
"Ja, echt!", bekräftige ich. "Weiß nicht weshalb …"
Joe fasst um meine Hüfte, schiebt mich und sagt: "Wir schauen uns den Vogel mal an. Mehr isses nicht. Abhauen können wir jederzeit. Lauf!"

Zunächst sieht es so aus, als käme nichts mehr, und dann stehen wir plötzlich vor der 3030.
"Krass!", sage ich, "also das Zimmer gibt es schon mal."
Ich schlucke, schaue hoch zu Joe und frage unsicher: "Wer klopft?"
Er grinst und raunt: "Natürlich der bad cop, wer sonst?"
Ich schließe kurz die Augen, konzentriere mich auf meine Rolle und klopfe viel zu laut an die Türe. Joe nickt mir anerkennend zu, gibt mir einen Daumen nach oben.
Von mir aus hätte es ruhig ein Weilchen dauern können, doch die Türe wird so schnell geöffnet, als habe Mister Ray direkt dahinter auf uns gewartet.

Vor uns steht ein hagerer, braungebrannter, mittelgroßer Mann, leicht ergraute, gepflegte Kurzhaarfrisur, mit himmelblauen Augen, schneeweißem Hemd, Weste, einer grauen Anzughose, schwarzen Lackschuhen und einer sündhaft teueren Rolex am Handgelenk.
Mit fester Stimme frage ich: "Mister Ray?"
Er nickt, tritt zwei Schritte zurück und bittet uns, mit einer Handbewegung einzutreten.
Wir bleiben stehen, ich sage streng: "Sie wissen ja gar

nicht, wer wir sind!"
"Doch, sonst hätte ich ja nicht aufgemacht. Miriam Anton, 35 Jahre alt, exzellente Schülerin und steile Karriere als Journalistin. Hobbys: Tauchen, Reiten, gut Essen, Shoppen. Richtig?"
Ich schaue ihn abwartend an.
Er ergänzt: "Tochter eines, ungewöhnliche Kombination, Handwerkers und einer Biologin, keine Geschwister, keine Kinder, unverheiratet. Ihren Kollegen stellen Sie mir bitte vor. Ich hatte noch keine Gelegenheit ..."

"Das ist Joe. Ich arbeite seit langem mit ihm zusammen."
Joe nickt, sagt kess: "Good afternoon! Nice to meet you!"
"Ach Joe?", erwidert Mister Ray, "das hätte ich mir denken können. Joachim Lau, geboren in München, kein herausragender Schüler und trotzdem ins Berufsleben gefunden. Einen älteren Bruder und eine jüngere Schwester. Eltern beide verunglückt als Sie 13 Jahre alt waren, stimmts?"
Dem guten cop, fällt beinahe der Kiefer herunter. Das mit der Schule ist bekannt, die Karriereleiter ebenfalls, doch über Privates spricht er so gut wie nie. Ehrlich gesagt wusste ich das mit den verunglückten Eltern nicht. Er hat

es nie erwähnt, obwohl wir Freunde sind.
"Wie wäre es, wenn Sie reinkommen?", fragt Mister Ray mit einem breiten Gewinnerlächeln. "Wir können doch nicht hier ...! Ach ja, sprechen wir Deutsch? Ich spreche, das nur nebenbei, neun Sprachen. Englisch, Französisch, Spanisch, Italienisch, Hindi, Arabisch und noch ein paar andere. Suchen Sie sich eine aus!" Er lacht, zeigt uns seine perfekten, schneeweißen Zähne.

Der Mann sah Mal umwerfend aus, denke ich. Wie aus dem Katalog. Der hat die Frauen früher sicher scharenweise flachgelegt. Wer weiß? Am Ende klappt es sogar jetzt noch? Außerdem riecht er gut. Alles hier riecht gut und sieht gut aus. Das *Zimmer*, in welches wir eintreten, ist eine Suite, die sicher ein mittleres Vermögen kostet. Auf jeden Fall weit mehr als das, was wir uns leisten. Mitten im Wohnzimmer ist ein vier Mal vier Meter großer Whirlpool in den Boden eingelassen. Das rosagefärbte Wasser riecht nach frischer Erdbeere und blubbert leise, so als habe er eben noch darin gebadet. Oder seine Frau, oder eines seiner Mäuschen hält sich im Schlafzimmer auf?
Ich frage misstrauisch: "Sind wir alleine?"

"So alleine, wie man es zu dritt nur sein kann!", antwortet Mister Ray schlagfertig und deutet auf die urgemütliche Ledergarnitur. "Bitte, nehmen Sie Platz! Stört sie das Geräusch? Kein Problem, ich schalte es aus." Er greift nach der Fernbedienung und drückt einen Knopf. Das Blubbern verebbt. Mit einem Mal ist es leiser, als es mir lieb ist.

Als könne Mister Ray meine Gedanken lesen, sagt er: "Man hört hier oben praktisch nichts."
Joe frotzelt: "Stiller als in jedem Grab."
Ich schaue ihn fassungslos an. Er versaut uns gerade das Interview, doch Mister Ray lacht und antwortet: "Ich mag Menschen mit schwarzem Humor. Darf ruhig kohlrabenschwarzer Humor sein. Tun Sie sich keinen Zwang an. Lachen ist ja bekanntlich gesund. Drinks?"
"Später!", antworte ich streng. Aber Mister Ray lässt sich nicht lumpen, stellt alles Mögliche auf den wolkenförmigen Marmortisch und sagt: "Bedienen Sie sich gerne. Es ist von allem genug da. Seien Sie meine Gäste." Er zwinkert Joe zu, sagt: "So einen uralten Whiskey haben Sie vielleicht noch nie probiert? Bitteschön!"

Joe winkt ab, antwortet: "Vielleicht nach dem Interview. Wir sind ja nicht zum Spaß hier, nicht?"
Mister Ray lacht laut und bestätigt: "Allerdings! Das sehen Sie goldrichtig."
Ich frage mich langsam, wer hier der good und wer der bad cop ist. Joe hat wohl vergessen, was wir vorhin ausgemacht haben? Macht nichts. Ich bin ja flexibel.

## Interview Take eins ...

Träumerisch versinke ich in die Bilderreihe an der Wand.
Mister Ray bemerkt es, sagt: "Alles Originale – keine Drucke!"
Ich frage viel zu naiv: "Echt?"
Er antwortet: "Ein Rembrandt ist natürlich nicht dabei. Es sind alles aufstrebende Künstler. Von den meisten wird man vielleicht nie etwas hören, aber einer reicht ..."
Seitlich geht es raus auf den Balkon – natürlich mit Pool.

Die Zedernholz-Bar zieht sich an der kompletten Wand gegenüber entlang. Man könnte damit alle Gäste in der Lobby versorgen.

Während ich zuschaue, wie Mister Ray drei breite Wassergläser füllt, überlege ich, warum wir überhaupt gekommen sind? Es scheint dem seltsamen Informanten nicht um Geld zu gehen. Das haben wir vorher am Telefon geklärt und der dargestellte Reichtum tut sein Übriges. Oder er ist doch ein Betrüger und fährt eine Masche, von der sogar wir noch nie etwas gehört haben? In unseren Gläsern sind KO-Tropfen? Wir wachen in ein paar Stunden in der Bronx auf – nackt? Unsere Konten sind geleert? Und Mister Ray treibt sein Unwesen bereits mit den nächsten Doofen? Nee, denke ich, das wäre zu aufwändig, würde sich nicht lohnen. Dafür hätte er sich reiche Leute ausgesucht – nicht uns.

Joe fummelt neben mir an unserer Luzi herum und legt sie endlich auf den niedrigen Marmortisch. "Es macht Ihnen doch nichts aus, Mister Ray?"
"Habe ich mir schon gedacht. Ist ja üblich, nicht?"
Wir nicken.

"Eine Bitte habe ich ... Verwenden Sie die Aufnahmen nicht, bevor das Interview beendet ist. Nur für den Fall, dass wir einen zweiten Termin benötigen."
"Kein Problem", sage ich und mache es mir bequem. Wer weiß? Vielleicht geht ja alles ganz schnell. Der Irre in Mister Ray kommt zum Vorschein, wir brechen ab, packen ein, gehen essen und shoppen und fliegen spätestens morgen nach Hause?

Mister Ray setzt sich in den Ohrensessel, schaut auf die Uhr und sagt: "Deutsch ist eine gute Wahl! Es gibt unserem Gespräch die Seriosität, welche das Thema verdient. Duzen hielte ich für unangebracht."
Joe und ich nicken zustimmend. Ich beuge mich vor, überzeuge mich davon, dass die Luzi wirklich läuft.
"Gut", sagt Joe, "fangen wir an!" Er grinst und schiebt hinterher: "Wir müssen die Gelegenheit nutzen und nachher noch shoppen, bevor wir heim fliegen."
Jetzt schlucke ich. Was ist nur los mit Joe? Er kommt extra nach New York geflogen und behandelt unseren Interviewgast, als hielte er ihn von vorneherein für einen Scharlatan.
Egal – das klären wir nachher!

Mister Ray ist sensibel, lässt sich nichts vormachen und sagt mit tiefer Stimme: "Sie werden im Laufe des Gesprächs vielleicht verstehen, dass ich ganz sicher sehr viel weniger Zeit habe als sie beide – aber gut ..." Er lehnt sich zurück, macht es sich bequem, hustet, räuspert sich und schaut uns genauso abwartend an, wie wir ihn.

Also breche ich die Stille und lege los: "Mister Ray ist sicher nicht ihr richtiger Name, stimmts? Sie müssen verstehen, solange wir nicht wissen, mit wem wir es zu tun haben, ist das Gespräch praktisch für die Tonne." Ich denke, jetzt eiert er herum und erzählt uns einen vom Pferd, doch er sagt unumwunden: "Julius von Stern. Ich bin Pilot. Oder sagen wir, ich war es bis vor kurzem. Derzeit schone ich mich aus gesundheitlichen Gründen. In der Regel flog ich die ganz großen Passagiermaschinen - beide! Airbus und Boing. Angefangen habe ich als fünfjähriger mit dem Drachenfliegen." Er lacht. Seine hellblauen Augen leuchten jungenhaft.
Joe wirft ein: "Den Drachen, den man in der Hand hält, oder den Drachen, der ihren Körper durch die Luft trägt?"
Mister Ray oder Julius von Stern antwortet: "Beide! Mein Vater war ebenfalls Pilot. Die Liebe zu allem was fliegt,

liegt bei uns in der Familie."
Das Gespräch beginnt locker, denke ich. Das ist okay für den Anfang.
In dem Moment greift "Mister Ray" nach unserer Luzi, drückt vor unseren erstaunten Augen auf den Aus-Knopf und löscht das kurze Gespräch. Ich starre ihn perplex an, doch er sagt: "Für die Aufnahme machen wir mit Mister Ray weiter, ja? Meinen richtigen Namen dürfen Sie recherchieren, genau wie alles weitere zu meiner Person und meinem Werdegang. Können wir?" Er schaltet auf Aufzeichnung und legt das Gerät wieder auf den Tisch.

"Mister Ray", sage ich betont, "Sie behaupteten im Vorfeld, dass es die klassische Pauschalreise gar nicht gibt. Wie meinen Sie das?" Joe und ich lehnen uns abwartend zurück. Joe grinst.
Mister Ray lässt sich nicht aus der Ruhe bringen und antwortet kurz: "Alles fake!"
"Was?", fragen Joe und ich gleichzeitig.
"Gut", antwortet er, "fangen wir so an ... Wie Ihnen beiden sicher bekannt ist, dauert der klassische Pauschalurlaub zwei Wochen, richtig? Oft sogar nur eine Woche."

Wir nicken.
Mister Ray spricht weiter. "Vor genau fünf Jahren habe ich einen Urlaub in Ägypten gebucht, für sechs Wochen. Natürlich in einem echten fünf-Sterne-Hotel."
"Man gönnt sich ja sonst nichts", wirft Joe ein und grinst weiter.
Ich könnte ihm die Gurgel umdrehen; aber natürlich nicht vor unserem Interviewgast.
"Genau!", bestätigt dieser ernst. "Die Arbeitszeit und der Rhythmus unterscheiden sich, von dem, was wir kennen, fundamental. Dort ist es so: Je länger einer arbeitet, umso länger hat er hinterher frei. Also zwei Wochen arbeiten – vier Tage frei. Zwei Monate am Stück arbeiten – zwölf Tage frei und so weiter."
Wir nicken. Ich beuge mich wieder vor, um zu checken, ob auf Luzi Verlass ist, und lehne mich halbwegs entspannt zurück.

Lass ihn reden, denke ich – wir werden schon sehen, wohin die Reise geht ... Die Bilder an der Wand sind über die Diagonalen, wie eine Perlenkette aneinandergereiht und hauen mich echt um. Vor allem das in zarten orangetönen gehaltene Landschaftsportrait. Ich versuche,

von hier aus die Signatur zu entziffern, aber es gelingt mir nicht.
"Die meisten Angestellten haben Namen, die man sich als Urlauber gut merken kann. Namen wie: Ibrahim, Ahmed, Mohamed, Mustafa und so weiter. Sie tragen diese Namensschilder an ihren Hemden, so dass man immer weiß, mit wem man es gerade zu tun hat. Mein Lieblingskellner hieß Ahmed. So habe ich ihn natürlich auch angesprochen."

Ich unterdrücke ein Gähnen und greife nach dem Wasserglas. Erster, denke ich sieghaft, denn einer von uns trinkt zuerst, der andere wartet - vorsichtshalber. Das hat sich so eingespielt. Joe zieht eine beinahe unmerkliche Grimasse.
"Als mein Ahmed nach zwei Wochen zurückkehrte, trug er am Hemd plötzlich ein anderes Namensschild. Mohamed! Ich habe spaßeshalber darauf gezeigt und ihn trotzdem noch ein paar Tage Ahmed genannt. Dachte, gut, den Gästen ist es vielleicht egal, wie die Kellner heißen ... Wahrscheinlich steht irgendwo eine große Schüssel mit Namensschildchen. Wer aus dem Urlaub zurückkehrt, schnappt sich eines, heftet es sich ans Hemd und los

geht's ..."

Ich wage es, einen weiteren Schluck zu trinken, und höre einfach zu.
Joe fragt: "Und das hat Sie bereits misstrauisch gemacht? Das mit den unterschiedlichen Namen?"
"Ein kleines bisschen, aber nicht sehr. Ich habe es mir damit erklärt, dass die Gastgeber denken, wir können uns die einheimischen Arbeitskräfte ohnehin nicht merken, da ist es mit den verschiedenen Namen kein Problem. Allerdings dachte ich auch an Gäste, die regelmäßig wiederkommen und sich den ein und anderen Kellner sehr wohl merken. Sie machen Fotos, erzählen ihren Freunden daheim was sie alles erlebt haben ..."

Mister Ray beugt sich vor, zieht ein schneeweißes Taschentuch aus der Weste, hustet vornehm hinein, steckt das Tuch wieder weg und spricht weiter. "Ich hatte das kleine Intermezzo sogar völlig vergessen, bis folgendes geschah: Nur ein Jahr später buchte ich dieselbe Reise. Gleiches Hotel, allerdings nur für fünf Wochen. Dort ist mir das mit den Namen wieder eingefallen und natürlich auch aufgefallen. Ich habe es still geschehen lassen,

wollte einfach ein paar Wochen ausspannen, schwimmen und surfen - mehr nicht."
"Und?", fragen Joe und ich gleichzeitig aber nur mäßig interessiert.
"Dann ist das passiert, was mich ehrlich misstrauisch hat werden lassen!"
"Was war es?", frage ich.
"Sie werden zunächst lachen, aber es gab keine Mosquitos. Fünf Wochen lang! Im Jahr vorher hatte ich zwei Flaschen Antimückenspray dabei und die habe ich auch gebraucht – wurde natürlich trotzdem gestochen, wie alle anderen auch."

Joe lacht und fragt frech: "Sie meinen also, jemand hatte vergessen den Mosquito-Button zu drücken? Oder wie dürfen wir das verstehen? Wissen Sie Mister Ray, Sie müssen langsam auf den Punkt kommen. Was heißt das – Pauschalurlaub gebe es gar nicht?"
"Nun ja ... Ich habe mich mit Gästen über die fehlenden Plagegeister unterhalten. Sie meinten, dass eben gut dagegen vorgegangen würde, mit Spray und allem möglichen."
Wir nicken. Klaro. Was sonst?

Mister Ray fährt fort: "Gesprüht wurde im Jahr vorher natürlich auch; und nicht zu knapp. Immer die volle Dosis, damit Gäste und Angestellte sich nicht die Haut blutig kratzen. Ist ja auch lästig, finden Sie nicht?"
"Stimmt!", bestätige ich. "Aber dann ist es doch gut, wenn es mal keine Mosquitos gibt, oder?"
"Ja", sagt Mister Ray nickend, "aber total unnatürlich. Ich habe mich erkundigt. Es gibt kein Spray, kein Räucherwerk welches die kleinen Stechviecher für ganze fünf Wochen nirgends auftauchen lässt! Verstehen Sie?"
"Ja", antworte ich und frage nach der Toilette. Joe guckt mich verdutzt an.

Mister Ray steht auf und begleitet mich an zwei Zimmertüren vorbei, öffnet die Dritte und sagt freundlich: "Bitteschön, alles Ihres! Bis gleich! Sie finden uns?"
Ich grinse und antworte: "Im Notfall rufe ich an!" Wir lachen beide. Er verschwindet und ich bestaune das Luxusbadezimmer, welches beinahe so groß ist, wie meine Wohnung in Hamburg. Dann zücke ich mein Mobiltelefon und rufe meine Mama an. Zum Glück geht sie ran.

## Mama!

"Hallo Mama, ich möchte nur schnell etwas wissen ... Ja, mir geht's gut. Ich bin in New York, mitten im Interview, habe nicht viel Zeit. Kannst du mir schnell sagen, ähm …" Auf meiner Hand landet eine Fruchtfliege. Ich frage mich, wie sie ins Bad kommt. Vielleicht wegen der Früchteseifen? Als Umweltschützerin, puste ich sie einfach weg.
Meine Mutter fragt: "Was ist? Worum geht's?"
"Ach ja, es ist so ... Im Sommer gibt es doch immer so viele Stechmücken ... Wie und wie oft die sich vermehren, weiß ich ungefähr, aber ... Kannst du dir vorstellen, dass es an einem warmen Ort, der normalerweise von Mücken übersät ist, ähm, dass es ganz plötzlich für mehrere Wochen gar keine gibt? Angeblich für immerhin fünf Wochen."
Sie fragt erstaunt: "So lange?", und hakt nach.
"Was? Oh! Habe ich nicht gefragt. Ich glaube drinnen und draußen. Ja ... Also wirklich gar keine – nicht eine einzige ... Gibt es so etwas? Nicht? Okay. Auch wenn extra viel dagegen gesprüht wird oder andere Gifte zum Einsatz kommen? Also du meinst, das wäre extrem ungewöhnlich? Okay. Trotzdem: Ist das möglich oder nicht? Aha! Hm ... Gut, Danke! Sag Papa schöne Grüße,

ja? Hab dich lieb Mama. Ja, ich passe auf mich auf. Bye bye. Danke, Tschüss!"
Die Fruchtfliege sitzt schon wieder auf meiner Hand. Ich streiche reflexartig mit der anderen darüber. Ups!

## Interview - Take zwei

Auf dem Rückweg überlege ich, ob ich einen Abstecher mache, aus Versehen die falsche Zimmertüre öffne und mich mal umsehe, doch Mister Ray kommt mir entgegen und begleitet mich ins Wohnzimmer. Joe fragt mich vor unserem Gast, oder ist er eher der Gastgeber, frech: "Gehen wir einkaufen?"
Ich ignoriere die Frage, setze mich und sage bestimmt: "Gut, dann machen wir jetzt weiter!"
Joe greift zum Wasserglas, trinkt und schaltet die Luzi wieder ein.

"Mister Ray", beginne ich, "nur noch mal zu unserem Verständnis ... Hatten Sie in ihrem zweiten Urlaub keine

Stechmücken im Garten oder auch im Haus – also im Zimmer?"
Er schüttelt heftig den Kopf und sagt mit Nachdruck: "Keinerlei Mosquitos! Weder draußen noch drinnen! Ich habe die beiden Flaschen Spray, die ich mithatte, praktisch ungeöffnet wieder mit nach Hause genommen. Ehrlich gesagt, das fand ich so merkwürdig, dass ich begann nachzuforschen. Zuerst im Internet, aber da findet man nicht allzu viel zu dem Thema."
"Und dann?", will ich wissen.
"Dann habe ich einen befreundeten Tierarzt angerufen. Dem kam das auch sehr seltsam vor. Er hat mich nach meiner Blutgruppe gefragt und hinterher gesagt, dass er keine Erklärung für das Phänomen habe."
"Wie ging es weiter? Was haben Sie dann gemacht?"
Mister Ray schüttelt ungläubig den Kopf und sagt beinahe flüsternd: "Ein alter Kollege hat mir mal gesteckt, dass er glaubt, mit den Pauschalreisen stimme etwas nicht. Und dass wir die vielen Touristen überall hinfliegen, nur nicht dahin, wo sie eigentlich hinwollen. Ich dachte, er macht Witze und hatte es zwischenzeitlich ganz vergessen. Den habe ich dann angerufen. Er war ganz erstaunt darüber, dass ich mich an das kurze Gespräch erinnere, und schlug

vor vorbeizukommen."
"Und? Kam er?"

Mister Ray nickt und atmet plötzlich schwer. Er hustet wieder in sein Taschentuch, trinkt einen Schluck und fährt fort. "Allerdings! Er ließ gar nicht lange auf sich warten, kam sogar extra aus Frankreich ... Wir sind erst Essen gegangen, haben über alles mögliche geredet, als wollten wir vermeiden, über das zu sprechen, weswegen er mich besuchte."
"Weiter!"
"Als wir dann zurück in meinem Haus am Kamin saßen, sprudelte es plötzlich aus ihm heraus. So als habe er Jahre lang nur auf diesen Abend gewartet ... Es endlich jemandem zu erzählen ..."
"Was zu erzählen Mister Ray?" Ich spüre, dass es nun ernst wird. Jetzt oder nie! Sogar Joe macht keine Witze und lauscht gespannt.
"Mein Kollege, ehemaliger Kollege, hieß Daniel von und zu Zorzin. Ich nehme vorweg, dass er nicht mehr der jüngste war und dass er auf dem Rückweg nach Frankreich tödlich verunglückte ..." Er schluckt und schiebt hinterher: "Aber krank war er, soweit ich es weiß

nicht. Schon gar nicht lebensbedrohlich. Nun ja, es war ja auch ein Unfall ... Der Verursacher wurde nie gefunden ..."

Joe beugt sich nach vorne und schaut, ob unsere Luzi aufnimmt. Er beginnt die Story interessant zu finden, denke ich und bin froh, dass ich ihn nicht umsonst nach New York gelockt habe. Wenn "Informanten", wie Daniel von und zu Zorzin sterben, wird es meistens spannend ...

Mister Ray schluckt, überlegt einen Moment. "Sicher ist Ihnen bewusst, dass die meisten Erfindungen viele Jahre unter dem Radar laufen, nicht? Dann liegen sie Jahrelang in den Startlöchern und nochmal viele Jahre später geht es dann allmählich los ..."
Wir nicken. Ich frage: "So wie beim Wasserstoffantrieb?"
"Genau!", bestätigt Mister Ray. "Genau so! Den gibt es ja im Prinzip auch schon seit mehreren Jahrzehnten. Nur von dem hat man auch gehört, gelesen und so weiter." Er hustet wieder, räuspert sich und fährt endlich fort. "Worüber ich jetzt spreche, ist ... Also, es ist sicher das größte Geheimnis, das es je auf diesem Planet gab, bzw. gibt ..."

"Na dann", sagt Joe so locker, wie möglich, "dann mal Butter bei die Fische!"

"Wissen Sie Joe", erwidert Mister Ray, "der Ausdruck vorhin, das mit dem Mosquito-Button, trifft es gar nicht so schlecht. Sie werden gleich verstehen, wie ich das meine. Es ist so ... Die Abkürzungen KI, VR usw. kennen Sie vielleicht erst seit ein paar Jahren, ist es nicht so?"
Joe nickt. Ich schweige, bin gespannt, wie es weitergeht, obgleich mich eine leise Ahnung beschleicht. Eine ungeheuerliche Ahnung ... Eine von der ich hoffe, dass sie gar nicht sein kann ...
"Die ersten Versuche damit begannen bereits in den frühen Fünfzigern ... Damals hatte man noch keine Ahnung, was damit eines Tages möglich sein würde. Solange bis irgendeiner drauf kam, die neuen Techniken am Menschen zu testen. Zu Beginn hat man die Technik noch mit verschiedenen Drogen kombiniert. LSD und das ganze Zeug. Teile davon sind bekannt. Aber bei weitem nicht alles!"

Joe unterbricht und fragt nach dem alten Whiskey. Ehrlich gesagt ich verstehe ihn und würde mir auch gerne einen

genehmigen. Wir trinken bei der Arbeit nie. Aber wir hatten auch noch nie so eine abgefahrene Story! Daher bremse ich meinen Kollegen und Freund nicht, lasse zu, dass Mister Ray ihm einen Schluck davon vor die Nase stellt. Joe greift danach, riecht, nippt und stellt das schwere Glas auf den Tisch.
Mister Ray schaut mich an und sagt: "Ich sehe Ihnen an, dass Sie die Richtung des Gesprächs erahnen, aber ich verspreche Ihnen, dass Sie das Ausmaß ganz sicher überraschen wird. Sie werden nach dem Interview nicht mehr dieselbe Person sein. Sie werden ab dann alles in Frage stellen und ich sage Ihnen jetzt schon: Zu Recht!"

Ich denke, dass ich eine Pause brauche. Dass ich mich mit Joe beraten möchte, bin aber nicht bereit, zu unterbrechen. Also lehne ich mich jetzt schon erschöpft zurück und warte ab. Das, was der Typ da vom Stapel lässt ... Mist! Träume ich oder bin ich wirklich hier in New York und lausche einem ehemaligen Piloten, der uns den Stoff liefert, von dem wir schon immer geträumt hatten und der uns ab jetzt Albträume verschaffen wird? Mist! Mist und nochmal Mist! Wir hätten Essen und Shoppen gehen sollen ... Ich habe das Gefühl, dass das, was noch kommt, gar keiner wissen will. Nicht mal wir!

Joe kneift die Augen zusammen und fragt: "Wollen Sie uns sagen, dass das woran Zuckerberg arbeitet, im Prinzip schon wieder out ist?"
"Das Metavers?", versichert sich Mister Ray lachend und klopft mit der Faust auf die weich gepolsterte Armlehne. "Das ist längst ausgereift und schon seit Jahrzehnten im Einsatz. Aber sicher nicht so, wie die Welt denkt! Ganz sicher nicht so!"

Joe nippt, hält mir sein Glas hin. Ich winke ab und sage so streng ich kann: "Weiter!"
Mister Ray lacht dennoch und sagt: "Diese albernen Brillen und das ganze Zeug braucht es schon seit ewigen Zeiten nicht mehr. Ich sage Ihnen, wie es geht ... Sobald der gemeine Tourist in den Flieger steigt, beginnt die Traumreise!"
"Halt!", stoppe ich ihn, "sagen Sie uns zunächst wieso? Wenn wir Sie richtig verstehen, hebt der Flieger gar nicht ab?"
"Aber natürlich hebt der Flieger ab! Er fliegt nur nicht dorthin, wo die Urlauber landen wollten. Aber der Reihe

nach ... Ich habe Ihnen ja am Telefon gesagt, dass es kompliziert ist ... Es dauert eine Weile, bis man versteht, was da vor sich geht. Die ersten Versuche waren nur teilweise von Erfolg gekrönt. Es war nicht einfach, den Urlauber nicht merken zu lassen, dass das was er *erlebt* hat, gar nicht stattfand."
Ich wünsche mir, wieder in den Bildern an der Wand zu versinken, und konzentriere mich dennoch voll und ganz auf meine Arbeit. Mist! Was für eine krasse Story!

"Wissen Sie warum es anfangs so schwierig war?", fragt Mister Ray ehrlich interessiert.
Wir schütteln die Köpfe.
Er spricht weiter. "Weil man nicht wusste, was der Einzelne genau erwartet. Deswegen! Aber das hat sich längst geändert. Sie denken vielleicht, die ganzen Sammelpunkte beim Einkaufen, dienen dazu den Kunden zu binden, stimmts?"
Joe und ich nicken synchron.
"Weit gefehlt! Gut, dazu zwar auch, aber der Hauptgrund sind die Reisen! Wer Luxus kauft, bekommt Luxus. Der Nörgler bekommt ausreichend Gründe zu nörgeln. Der unkomplizierte Kunde ist am leichtesten zu bedienen. Je

billiger die Reise, desto einfacher ..."
"Woran erkennt man denn den Nörgler?", möchte ich wissen.
"Das ist einfach", erklärt Mister Ray, "das sind diejenigen, die bestellte Ware mehrfach zurückschicken. Hierfür ist natürlich die Post, also der Versand eingebunden."
"Die Post?", fragt Joe ungläubig und schiebt provokativ hinterher: "So, ha ha, wurden die Daten *vor* dem Internetzeitalter gesammelt? Verstehe ich Sie da richtig?"
Mister Ray lächelt müde, erwidert: "Ehrlich gesagt, die Antwort auf diese Frage, möchte ich Ihnen jetzt gerne zutrauen ..." Er wartet einen Moment, während wir überlegen. Schließlich erlöst er uns und sagt: "Kataloge! Und Preisausschreiben! Otto, Neckermann und was weiß ich was alles. Über das, was der Kunde bestellt hat, konnte man schon recht gut einschätzen, wie er tickt. Kauft er teuer oder billig ... Was sind die Lieblingsfarben ... Wird Wert auf gute Qualität gelegt ... Wie oft wird bestellt ... Wie hoch ist die Bestellsumme ... An der Kleidergröße erkennt man, ob der Kunde sich gesund ernährt. Wo geht die Bestellung hin ... In eine wohlhabende Gegend? Da kommt wieder der Postversand ins Spiel!"

"Was ist mit den Preisausschreiben?", fragt Joe maulig.
"Ganz einfach", sagt Mister Ray geduldig, "schließlich macht es einen Unterschied, ob jemand nur teilnimmt, wenn es um Autos, teure Reisen geht, oder ob er mit einem Radiowecker zufrieden ist, nicht? Das sagt viel aus!"
"Stopp!", sage ich und stehe auf. "Wieso um alles in der Welt sollte so etwas gemacht werden? Wer steckt dahinter? Was ist der Grund? Weshalb lässt man Touristen ihre Reisen nicht einfach tun? Hm?"
"Ach so das? Weil es zu teuer ist! Mit dem Geld kann man wichtigeres tun. Die Infrastruktur verbessern und derlei mehr."
"Was?", frage ich entsetzt. "Dafür werden doch Steuern erhoben!"
"Ja", bestätigt Mister Ray, "aber die Steuergelder reichen nicht! Es reicht ja nicht mal mit ..."
Joe unterbricht. "Das hieße die *Urlaubsgelder* tauchen in keinen Büchern auf, richtig?"
Mister Ray zuckt mit den Schultern, erwidert: "Aber darum geht es doch jetzt gar nicht. Viel wichtiger ist doch der Mensch! Wieso sollte man die Leute reisen lassen,

wenn sie das, was sie bestellt haben, viel billiger bekommen können? Hm? Mal abgesehen von der Umweltverschmutzung. Das hat man früh erkannt und nach Alternativen gesucht."
"Wer? Wer hat nach Alternativen gesucht?", hake ich nach.

Mister Ray schaut uns abwartend an, sagt schließlich: "Wir kennen ja die vielen Verschwörungstheorien, wissen, was die Bürger ihren Politikern alles zutrauen, aber das stimmt nicht. Im Prinzip ist es viel schlimmer, aber zum Wohle der Umwelt, verstehen Sie? Dafür nehmen sämtliche Staaten, angeführt von den USA, gefolgt von Europa und allen anderen Regierungen, den größten *Betrug* am Bürger vor. Der Etikettenschwindel ist so riesig, wie es sich der *beste Verschwörungstheoretiker* nicht mal annähernd ausdenken kann. Aber wie gesagt. Zum Wohle der Umwelt und somit zum Wohle der Menschheit. Und spätestens jetzt verstehen Sie sicher, warum mein richtiger Name keinesfalls auftauchen darf! Ich will ja nicht so enden wie mein Kollege!"
Ich schlucke, bin jetzt schon fix und fertig und sage etwas genervt: "Erzählen Sie weiter!" Wenn an dieser Story

auch nur das Geringste dran ist, wird das eine lange Nacht.

Mein Kollege, der zwar eigentlich der gute Cop ist, sagt: "Beweise Mister Ray! Was von dem, was Sie uns bereits erzählt haben, können Sie beweisen?"

Mister Ray schaut uns erstaunt an und antwortet wie aus der Pistole geschossen: "Alles! Jedes einzelne Wort und alles was noch kommt! Sie denken doch nicht etwa, dass ich mich ohne Beweise an Sie gewendet hätte?" Er schaut mich an und fragt: "Was glauben Sie habe ich in den letzten Jahren gemacht? Natürlich nach Beweisen gesucht und ich habe sie gefunden. Es war nicht einfach, aber dazu später mehr! Ein bisschen Geduld, wenn ich sie darum bitten darf?"

# Für alles bestens gesorgt ...

Ich setze mich und sage zu unserem Gastgeber: "Lassen Sie uns bitte für einen Moment alleine?"
Er macht eine großzügige Handbewegung und erwidert: "Das ist die Story Ihres Lebens! Sie ist nun mal nicht schnell erzählt. Zwei Räume im hinteren Bereich sind Ihre ... Darf ich sie Ihnen zeigen?"
Jetzt schauen wir erstaunt und er schiebt hinterher: "Ich versichere Ihnen, dass die beiden Zimmer, genau wie alles hier, abhörsicher, bzw. von grundauf inspiziert sind. Es geht ja ab jetzt nicht mehr nur um mein eigenes Leben!"
Joe steht auf. Mister Ray überholt ihn und läuft vor. Ich folge den beiden. Im Flur zieht Mister Ray ein Dokument aus der Tasche, gibt es Joe und sagt: "Hier ist meine ATPL!"
"Ihre was?", frage ich.
"Meine Verkehrspilotenlizenz. Überprüfen Sie sie!" Er öffnet zwei nebeneinanderliegende Türen und sagt: "Bitteschön! Ladys first! Suchen Sie sich eines aus!"
Ich nehme das, vor dem wir gerade stehen. Ist eh egal. Sie sind beide die Wucht! Mehr Luxus geht nicht. Joe folgt

mir. Und Mister Ray geht hoffentlich ins Wohnzimmer zurück und lauscht nicht. Ich warte eine Minute und überzeuge mich davon, indem ich die Türe kurz öffne. Keiner da.

Während Joe im Netz unterwegs ist, zücke ich mein "Werkzeug" und untersuche die Bude auf Wanzen und den ganzen Krempel. Ich schaue unter jeden Lampenschirm, checke alle Steckdosen, Lichtschalter, das Telefon, die Schränke, schaue unter dem Bett nach usw. Ursprünglich wollte ich Detektivin werden, aber dann hatte mich Joe überredet, es als Journalistin zu versuchen. Und dabei bin ich dann geblieben. Er guckt hoch, fragt: "Und? Alles sauber?"
Ich antworte: "Ja, so auf die Schnelle kann ich nichts finden", und packe meine Sachen wieder ein. Wir kennen uns lange genug, müssen uns keine Anweisungen erteilen. Ich setze mich neben ihn und flüstere: "Na, da bin ich ja mal gespannt, ob es die beiden Piloten wirklich gibt."

"Gab!", antwortet Joe trocken. "Gab und gibt!" Er tippt mit beiden Daumen irre schnell auf seinem Mobiltelefon herum. Ich schnappe mir mein Tablet und mache mit.

Nach kurzer Zeit werden wir fündig und stellen fest, dass die beiden als Luftfahrzeugführer eingetragen sind. Ich frage Joe: "Sollen wir jemanden hinzuziehen?"
Er schüttelt den Kopf, steht auf und erwidert: "Nee, das können wir später immer noch machen."
Ich schiele auf das riesige Bett und sehne mich danach, mich einfach hinzulegen, traumlos zu schlafen und hinterher zuhause in Hamburg aufzuwachen. Die Nummer ist mir zu groß, denke ich und folge Joe, der schon im geöffneten Türrahmen steht, mir zuzwinkert, sich umdreht, und losläuft.

## Interview - Take drei

Mister Ray, hat sich in der Zwischenzeit eine lange, dünne, karamellbraune Zigarillo angezündet und drückt sie aus, als er uns sieht. Ich grinse ihn an und sage: "Wenn

das hier so weitergeht, werde ich in wenigen Stunden wieder zur Raucherin. Wahrscheinlich schnorre ich Sie dann an ..."
Er lächelt verständnisvoll zurück und erwidert: "Kein Wunder! Tut mir leid ..."
Joe wirft trocken ein: "Zu spät, oder?"
Mister Ray nickt. Wir setzen uns, machen es uns gemütlich. Joe schmeißt die Luzi an und fordert Mister Ray auf, ganz von vorne zu beginnen.

"Right", sagt er, "dann starten wir mit den frühen 60ern. Angefangen hat alles schon vorher, hatte ich ja erwähnt, aber ab da wird es richtig spannend. Vorweg, der Irisscan ist ein uralter Hut. Auf den kam man, als man bemerkte, dass der Abgleich von Fingerabdrücken zu lange dauert, Blutgruppen sich nicht eignen und der ganze Aufwand mit der DNA zu kostspielig war."
Joe und ich schlucken. Joe unterbricht: "Sie wollen uns also ernsthaft weismachen, dass es all diese Möglichkeiten bereits seit Jahrzehnten gibt?"
Mister Ray erwidert: "Das Thema hatten wir doch schon! Wenn wir so weitermachen, dann sitzen wir in hundert Jahren noch hier. So viel Zeit habe ich leider nicht!"

Ich denke an den Wasserstoffantrieb, lege Joe beschwichtigend die Hand aufs Bein, damit unser Gastgeber weitererzählen kann.
Er greift den Faden wieder auf. "Nur damit das von vorneherein klar ist, den Quantencomputer gibt es ebenfalls seit mehreren Dekaden und vielerlei technischen Schnickschnack, von dem die Menschheit erst in zig Jahren hören wird. Klaro?"
Joe ist ja nicht blöd und wirft ein: "Dann wäre der Fingerabdruckabgleich doch zack zack gegangen, nicht?"
"Ja", antwortet Mister Ray, "und wie hätten Sie damals einem unbescholtenen Bürger erklären wollen, diese zu nehmen? Nein nein, das musste sich alles erst allmählich entwickeln. Sie wissen doch, wir sind Gewohnheitstiere und mögen keine Neuerungen. Der Mensch ist unflexibel und wird es immer bleiben!"
Ich seufze leise. Da hat er ja so recht!

"Na gut", fährt Mister Ray fort, "der Irisscan geht am Flughafen am schnellsten. Er ist schon lange in die meisten Kameras eingebaut, insbesondere in alle, die Ausweisbilder, Bilder für den Reisepass schiessen und so weiter. Was man damit machen kann, beweise ich Ihnen

in wenigen Stunden. Bis dahin müssen wir erst Mal kommen! Fakt ist jedenfalls, dass der Reisende während des Sicherheitschecks gar nicht mitbekommt, dass er nicht nur abgetastet oder durchleuchtet wird ... Er wird natürlich auch gewogen und auf den Millimeter genau vermessen." Mister Ray wirft einen Blick auf die Uhr, hustet kurz, räuspert sich und redet weiter. "Ja, und dann geht es in den Flieger ... Ich hatte ja erwähnt, dass der selbstverständlich abhebt, nicht? Dementsprechend landet er auch. Logisch! Nur hat man sich damals darauf geeinigt, den Flug so kurz wie möglich zu halten. Sagte ich ja schon, wegen der Luftverschmutzung. Nicht sagen muss ich zwei Investigativjournalisten ebenso, dass auf den erhältlichen Landkarten, bzw. auf den elektronischen Maps, bei weitem nicht alles abgebildet ist."
Wissen wir natürlich längst.

"Wir Piloten, sind wahrscheinlich die Ersten, welche das früh ahnten. Nicht umsonst werden Flugrouten ganz penibel abgesteckt und Berufspilot werden ist diffizil. Die Personen, die dafür in Frage kommen, sind handverlesen. Nur für den Fall, dass sich doch mal jemand verfliegt ... Was übrigens vorkommt. Aber dazu vielleicht später ... Es

ist für das, was Sie interessiert, nicht von Belang."
"Doch!", unterbreche ich ihn. "Was passiert dann?"
"Kommt darauf an ... Man versucht die Maschine vom Boden aus wieder auf die richtige Linie zu bringen. Wenn das nicht gelingt ... Lassen wir das! Das wollen Sie bestimmt nicht wissen!"
"Doch!", sagen Joe und ich gleichzeitig.
"Nun ja, im schlimmsten Fall stürzt ein Flieger auch mal ab ... Verstehen Sie?"
Wir sind baff.
Mister Ray spricht schnell weiter, lässt uns keine Gelegenheit, um nachzudenken.

"Wissen Sie, die Black Boxes sind seit zig Jahrzehnten in Echtzeit mit der Bodentruppe verbunden ... Über die werden sogar Befehle ins Cockpit geleitet, ohne dass die Piloten Kenntnis davon haben!"
"Was?", fragt Joe entsetzt.
Ich bleibe ruhig und hake nach. "Aber nach den Black Boxen sucht man doch normalerweise immer ein paar Tage."
Mister Ray lacht, winkt ab, schüttelt mit dem Kopf und antwortet: "Nonsens! Das dient nur dazu, um Zeit zu

gewinnen. Man muss den Absturz ja irgendwie erklären. Nur by the way, wir sprechen hier vom allerschlimmsten Fall. Das versucht man natürlich zu vermeiden, kommt also selten vor."
Wir atmen beinahe auf.
Aber Mister Ray sagt: "Im Prinzip ist dieses Programm jedoch so gut wie over. Ha, wenn Sie wüssten, wie viele Maschinen längst ohne Pilot in der Luft sind ..."
Jetzt fällt uns beiden der Kiefer runter. Ich denke an den Heimflug ... Und fasse mich wieder.
"Okay", sage ich interessiert, "wohin fliegen denn die Maschinen und was passiert mit den Passagieren? In der Regel empfinden sie insbesondere lange Flüge als anstrengend, erkälten sich unterwegs, erinnern sich an gutes oder meistens schlechtes Essen, an überhöhte Preise in der Luft und haben als Beweise an den Flug nicht zuletzt auch steuerfreie Waren erworben, richtig?"
Mister Ray lacht. "Der ganze Plunder, inklusive Andenken, Mitbringsel, also Touristenware wird leider in Massen produziert. Irgendwie muss man den Reisenden ja zuteilwerden lassen, dass sie wirklich weg waren. Und das waren sie ja auch – sozusagen." Er schaut uns ernst an, bevor er weiterspricht. "Sie müssen verstehen, dass es

um die größte Industrie geht, die es je gab und höchstwahrscheinlich immer geben wird! Der Mensch verreist nun mal gerne!"
"Stimmt", sage ich, denn damit hat er auf jeden Fall Recht.

Er trinkt einen Schluck, schiebt hinterher: "Was Sie mit den Informationen machen, bleibt Ihnen überlassen. Sie können praktisch Gott spielen und entscheiden ob ..."
"Weiter!"
"Jetzt kommt der Part, der zumindest vorübergehend am schwierigsten zu verstehen ist. Aber ich sagte ja, dass ich Beweise habe. Die Luft zum atmen kann sich im Flieger keiner aussuchen. Und damit geht es los ... Die Passagiere werden auf den Sitzen nochmal gewogen. Und so bekommt jeder die Dosis, die er oder sie benötigt, um die Traumreise zu beginnen. Können Sie mir folgen?"
Ich frage: "Sind die Flieger deswegen immer so voll?"
Unser Gegenüber nickt und antwortet: "Exakt! Jeder Platztausch, alles, was gegen den Plan läuft, kann zu großen Komplikationen führen. Ja, daher versucht man die Maschinen auszulasten. *So* nennt man das."
Joe und ich schauen ihn mit offenen Mündern an und

fragen gleichzeitig: "Und dann?"

"Ab jetzt kommt die gesamte VR, etc. und alles, was damit möglich ist, zum Einsatz! Die Stewardessen sind in Wirklichkeit Krankenschwestern und in der Regel ist auch ein Doktor anwesend. Nur für den Fall ... Denn es kann auch Mal etwas misslingen."
"Heißt das", werfe ich überrascht ein, "dass die Stewardessen Bescheid wissen?"
Mister Ray lacht wieder und verneint. "Natürlich nicht! Sie bekommen ihre eigene spezielle Dosis, ihr eigenes Programm ..."
Ich linse auf Joes Whiskyglas und überlege ernsthaft zuzugreifen. Mister Ray fährt ohne eine Pause zu machen fort. "Die Inhaltsstoffe für die Stewardessen sind diffizil. Einerseits sollen sie vorgaukeln, dass sie die üblichen Routen fliegen, andererseits braucht man sie dringend, um einzugreifen, wenn mit den Passagieren etwas schief läuft. Das kommt häufiger vor, als Sie denken. Besonders, wenn es um Kinder oder Senioren geht. Man könnte meinen, dass Kinder denselben Wirkstoff bekommen wie Erwachsene, nur weniger, nicht? Weit gefehlt! Sie wehren sich länger, quengeln und schreien. Man muss sie nach

und nach in den Traumschlaf versetzen, ohne sie dauerhaft zu schädigen oder gar ... Nun ja ...
Senioren hingegen haben zum Teil Kreislauferkrankungen oder schwache Herzen. Im besten Fall benötigen sie zwischendurch nur etwas Sauerstoff ... Und das muss die Stewardess leisten, ohne selbst gewahr zu werden, dass sie ebenfalls längst auf ihre eigene Traumreise geschickt wurde."

Ich kann jetzt schon nicht mehr, frage trotzdem: "Was ist mit den Piloten?"
"Fangen wir mal so an: Es gibt auf der ganzen Welt Areale, die ausschließlich für den Pauschalurlauber geschaffen wurden. Ach ja, mit welchen Inhaltsstoffen den Piloten vorgegaukelt wird, dass sie die tatsächlichen Destinationen anfliegen, dürfen Sie herausfinden. Ehrlich gesagt, ich weiß nur, dass es funktioniert. Ich war zu hundert Prozent davon überzeugt, wenn ich Malle anfliege, dann lande und starte ich auch in Malle! Genauso ging und geht es meinen Kollegen. Daniel von und zu Zorzin hat mir mal gesagt, dass er sich oft über die vergangene Zeit wundert, an die er sich angeblich gar nicht richtig erinnert. Ich habe ihn ausgelacht. Aber wahr

ist, dass unsere Uhren tatsächlich mächtig hinterherhinken oder vorauseilen. Das waren wir so gewohnt, dass wir sie einfach wieder stellten. Inzwischen nimmt uns das die moderne Technik weitestgehend ab. Das heißt, wir wundern uns nicht mehr so oft ..."

Mister Ray schüttelt den Kopf, wirkt bedauernswert und doch haben wir einen gestandenen Herrn vor uns, der seine Zeit sicher mit anderen Dingen verbringen könnte, als jetzt und hier mit uns. Mich interessiert plötzlich sein Badezimmer. Fände ich dort Psychopharmaka, irgendetwas, was seine Phantasie anregt? Oder gar illegale Drogen? Gut, denke ich, ein paar Minuten gebe ich ihm noch. "Was ist mit den Maschinen, in denen keine Piloten mehr anwesend sind?", frage ich. "Soweit ich es beobachte, steigen doch *immer* Piloten mit ein?"
Mister Ray schmunzelt und sagt: "Das sind Ärzte!"
"Wissen *die* Bescheid?", fragt Joe.
Unser Gegenüber zuckt mit den Schultern. "Keine Ahnung! Wissen die von der Post Bescheid? Oder diejenigen, die die Preisrätsel ausschreiben? Ich vermute, sie folgen Vorgaben, haben ihre Abläufe, die sie nicht hinterfragen? Also ehrlich gesagt, ein bisschen was

müssen Sie dann schon selber entschleiern! Ich liefere Ihnen die Story Ihres Lebens auf dem Silbertablett. Das Vergolden überlasse ich Ihnen!"

Ich springe wie von der Tarantel gestochen auf, sage frostig: "Herr von, ähm, Mister Ray, geben Sie uns jetzt sofort einen Beweis – wenigstens einen!"
Er winkt ab und sagt: "Gleich, nur einen Moment noch. Sie werden staunen!"
Joe schaut mich fragend an. Gehen oder bleiben? Ich atme tief durch und nehme Platz. Nur noch fünf Minuten ... Dann kann mich Mister Ray mal und die ganze Story ebenfalls! Also ehrlich! Wer soll denn so einen Mist glauben? Was denkt der sich eigentlich, dieser Herr Von?!
Julius von Stern schaut mich gelassen an, fährt fort. "Ich sehe Ihnen Ihre Ungeduld an. Sie können sicher sein, ich halte mein Versprechen! Ihr Kollege hatte sich doch alles von vorne gewünscht. Der Reihe nach ... Und genau so liefere ich Ihnen die Beweise. Einen nach dem anderen!"

Ich lehne mich erschöpft zurück und sage: "Also gut. Dann weiter! Aber lassen Sie uns nicht allzu lange warten, ja?"

"Nein nein, keine Sorge. Wo sind wir? Ach ja, im Flieger. Wie gesagt – kürzeste Strecke ... Das Einzige, was nach der Landung noch *echt* ist, ist die Fassade und die Lobby. Wer im Flugzeug nicht ausreichend benebelt wurde, bekommt einen Cocktail und weiter geht es mit dem Armbändchen. Das Bändchen gibt über mehrere Wochen Inhaltsstoffe ab, die dafür sorgen, dass keiner mehr aktiv wird. Ich nenne es spaßeshalber beringen ... So wie bei den Vögeln, aber in Wirklichkeit ist es natürlich nicht lustig ... Ehrlich gesagt, anders halte ich es nicht aus. Schon gar nicht, mit dem Wissen, dass man mich ebenfalls schon einige Male, sagen wir mal, ausgetrickst hat ..." Er atmet wieder schwer, hustet und wartet ab.

Joe nutzt die Gelegenheit und nippt am Whiskyglas.
Mister Ray nimmt den Faden wieder auf. "Ab jetzt beginnt der *Urlaubsfilm* und es geht liegend weiter. Den ersten Beweis liefere ich Ihnen gleich. Nur noch wenige Minuten!"
"Nein!", fordere ich, "sofort!"
"Sind Sie sicher Mia?", fragt Mister Ray freundschaftlich.
"Miriam Anton! Frau Anton! Und für Sie schon lange!", sage ich mit Nachdruck. Joe schluckt. So rede ich mit ihm

nie; natürlich nicht. Nicht mal, wenn ich stocksauer auf ihn bin, was hin und wieder vorkommt. Joe hat mal vergessen, mich vom Flughafen abzuholen. Ich stand mitten in der Nacht hundemüde da, wusste nicht, ob ich ein Taxi nehmen soll oder ob der Blödmann noch auftaucht. Hat sich auch nicht gemeldet und war nicht erreichbar! Als ich fast eine Stunde auf ihn gewartet habe, bin ich ins Hotel. Das hat er dann am nächsten Tag bezahlt und sich mehrmals entschuldigt. Na ja ... Doofe Männer eben! Ich arbeite trotzdem gerne mit ihm zusammen. Sonst hätte ich ihn ja nicht hinzugezogen ...

Mister Ray steht auf. Zunächst denke ich, jetzt ist er beleidigt und schmeißt uns raus ... Mir egal! Doch er geht an die Kommode, öffnet eine Schublade, kommt mit einem dicken Umschlag zurück und setzt sich auf die vordere Kante des Ohrensessels. Er schaut mich väterlich an, dann zu Joe, öffnet das Kuvert, nimmt eine Hand voll Fotos heraus, legt das obere auf den Tisch und sagt: "Beweis Nummer eins! Erkennen Sie sich?"
Ich denke oder hoffe vielmehr, er meint Joe und schaue neugierig auf das Bild. Es zeigt ... Mich!!! Mich und meine Eltern auf den Seychellen. Die Reise hätten wir uns

damals nie leisten können. Mein Vater hat sie im Preisausschreiben gewonnen und sich riesig gefreut.

Das Foto hat ein Kellner gemacht. Ich erinnere es genau. Auf dem Bild schieben mich meine Eltern auf einem silbernen Gummidelphin durch den Pool. Den freundlich lachenden Delphin habe ich geliebt. Kurz darauf war er verschwunden. Irgendeiner hatte ihn gestohlen und ich habe so lange geheult, bis ich einen weiß-schwarzen Schwan, mit knallrotem Schnabel bekam. Der war nicht so gemütlich wie der breite Delphin. Der lange Schwanenhals hat mir die Sicht versperrt. Wenn ich mich an ihm festhalten wollte, ist er umgeknickt und ich bin ins Wasser gerutscht.

"Woher haben Sie das Foto?", frage ich.
Mister Ray legt schweigend weitere Fotos auf den Tisch; alle von unserem Seychellenurlaub. Wir im Restaurant, am Büffet, am Strand, im Zimmer, in der Lobby, im Garten ... Ich am Klettergerüst hängend, auf der Schaukel, Eis essend, mit Papa auf einem Elefanten reitend, beim Sandburgen bauen. Und Mamas Kopf, den wir beim Einbuddeln in den warmen Sand verschont hatten. Im

Moment bin ich nicht sicher, ob ich das wirklich erinnere, oder ob ich einem Trick unterliege, der mir eben erst suggeriert, dass das alles tatsächlich stattgefunden hat? Ich spule zurück zu meinem Delphin und dem doofen Schwan und würde jeden Meineid schwören, dass ich das ganz sicher weiß. Die Fotos von unserem Seychellenurlaub habe ich noch, daher stehe ich auf, entschuldige mich und gehe, ohne eine Reaktion abzuwarten, in mein Luxuszimmer.

## Papa

Ich wähle seine Nummer und warte kurz.

"Papa, ich bin's ... Nee, tut mir leid, es muss mal wieder flott gehen. Du Papa, sind wir zwei jemals auf einem Elefanten geritten? ... nee ernsthaft ... Oh! Wo war das? Auf den Seychellen. Wie alt war ich damals? Fünf, ach ja." Während wir reden, sehe ich mich um. So viel Luxus möchte ich gerne für eine Weile genießen; aber unter

diesen Umständen ...
"Okay Papa, gehst du bitte mal in mein altes Zimmer? Ja – jetzt! Okay Danke ... Mein Detektivbüro ist immer noch in der untersten Schublade der Kommode ..."
Darüber haben meine Eltern ewig gelacht, dass ihr Kind die vollständige Detektivausrüstung unbedingt aufheben wollte. Da ich ehrlich gesagt keine Fälle lösen konnte, habe ich wenigstens sämtliche Fotos, Briefe, Postkarten, Vogelfedern, Münzen, Aufkleber usw. sortiert und beschriftet. Datum; Uhrzeit; Fundort; Zustand; Gedanken. Meine Mama sagte immer: "Archivarin solltest du werden. Damit hast du zumindest schon sehr früh angefangen und weißt wie es geht."
"Gut Papa, bist du da? Schau mal bitte, ob du die Fotos von unserem Seychellenurlaub findest. Ja, ich bin sicher, dass die dort sind ..."
Jetzt stellt sich bestimmt gleich raus, dass die Erinnerungen gestohlen wurden und wir es nur noch nicht gemerkt haben?

"Oh! Mach den Umschlag mal auf und schau, was drin ist. Kennst du die Bilder? Kannst du dich an unseren Urlaub gut erinnern Paps? Sind die Poolbilder auch dabei? Die mit den Schwimmtieren? Welche? Sag du es mir. Was siehst du?" Ich höre ihn blättern und atmen, dann sagt er: "Na dich und deinen Delphin sehe ich. Ach ja, und hier ist ein Foto, auf dem du gerade vom Schwan purzelst. Jetzt weiß ich es wieder! Ich bin zig Mal ins Wasser gesprungen und habe dich gerettet; trotz der Schwimmflügel. Aber du hast gebrüllt ..."

Ich frage: "Papa, haben wir die Bilder damals mehrfach entwickeln lassen?"

Er antwortet: "Lange her Spatz! Vielleicht haben wir Oma ein paar geschickt? Aber Kind, das weiß ich wirklich nicht mehr ..."

Ich hake nach: "Sind die Negative dabei?"

Pause. Ich warte.

Dann sage ich: "Papa, du hast jetzt nicht nur genickt, oder?"

"Ach so ja ... Die sind auch in dem Umschlag."

"Alle?"

"Pffh, Moment ... Ja, sieht so aus. Müsste komplett sein. Wieso?"

"Das erkläre ich dir, wenn ich wieder da bin. Ja, versprochen – bald ..."

## Interview – Take vier

Ich schleiche ins Wohnzimmer, meine, dass Joe sich nachgeschenkt hat. Zumindest kommt mir sein Glas voller vor, als vorhin. Aber ich sage nichts, nehme Platz, schalte die Luzi ein, lehne mich zurück und frage unseren Bruchpiloten: "Die Negative liegen bei mir zuhause! Verraten Sie mir, wie Sie an die Bilder gekommen sind?"
Er beugt sich vor, greift nach dem Umschlag, zieht einige dunkle Streifen hervor und legt sie auf mein Bein. "Hier! Das sind die originalen Negative – wenn man das überhaupt so nennen kann. Aber ich sagte ja – alles Fake!"
Uns klappt der Kiefer zum hundertsten Mal auf. Endlich frage ich so streng wie möglich: "Wie sind Sie an die Negative gekommen?"

Mister Ray stutzt, fragt: "Viel aufschlussreicher ist, wie sind *Sie* an die Negative gekommen?"
Ich halte einen Streifen gegen das Licht, hoffe was auch immer, zu entdecken, nur nicht unsere Familienbilder. Doch was ich sehe, ist eindeutig: Mama, Papa, Elefant, Delphin, doofer Schwan und ich auf den Seychellen!

Mister Ray hustet kurz und klärt uns auf: "Der Feriengast bekommt gefakte Bilder seines gefakten Urlaubs ... Das läuft alles automatisch. Der Angestellte im Fotoladen – bestenfalls in irgendeiner Drogerie hat ja keine Ahnung, was auf den Bildern drauf sein wird, verstehen Sie? Er verschickt, was er erhalten hat und bekommt, was für die entsprechende Person bestimmt ist. Heißt, er reicht nur durch. Alles andere wird per KI gesteuert. Nochmal: Die tatsächlich originalen Negative sind die hier. Welche denn sonst?" Er zeigt auf *seine* Streifen ... "Ihre Eltern haben genau das bekommen, was sie bestellten. *Erinnerungen* ..."

Ich schlucke, frage trotzig: "Sie behaupten also steif und fest, dass es meinen Delphin nie gab? Und den ... den blöden Schwan? Auch nicht?"

Mister Ray schüttelt mit einem milden Lächeln den Kopf, sagt versöhnlich: "Nein. Tut mir leid!"
"Und wie läuft das heute?", fragt Joe trocken.
Mister Ray sagt, ohne zu zögern: "Ganz einfach! Die per KI erstellten Daten werden den Urlaubern direkt auf die eigenen Geräte übertragen. Schnell und effizient!"
Joe springt auf, schnappt sich das Whiskyglas, läuft damit zur Spüle, holt aus, leert es und verlangt: "Beweis Nummer zwei!"
Unser Interviewgastgeber bleibt gefasst, räuspert sich und sagt souverän: "Auf den wollte ich Sie beide vorbereiten ... Er wird Sie unzweifelhaft aus der Bahn katapultieren."

Wir ziehen uns kurz zurück, hocken zu zweit auf dem Sofa in Joes Luxuskammer, stützen die prall gefüllten Köpfe auf die Hände und überlegen. So lange, bis ich flüstere: "Das ist mir too much! Ich steige aus! Sorry! Nee! Ohne mich!"
Joe guckt überrascht hoch.
Ich sehe ihn nicht an, spüre seinen Blick nur, und sage: "Schau wo anders hin! Ich bin raus!"
Er schluckt. Dann höre ich ihn einatmen und weiß, jetzt legt er los ... Er versucht, mich umzustimmen, hält mir

vor, dass ich gerade das Ende meiner Karriere einläute, selbst Schuld, dass er sich in mir getäuscht hat, dass die letzten zehn Jahre an meiner Seite reine Zeitverschwendung waren, dass er nie erwartet hätte, dass ich so bescheuert bin usw. Ich höre, wie er nochmal Luft nachzieht, wie er den Mund öffnet ... Und dann sagt er taktvoll: "Verstehe ich!" Mehr nicht.

Das ist Joes extrem angenehme Seite. Die bringt er immer dann zum Einsatz, wenn ich gar nicht damit rechne. Deswegen haut es mich praktisch jedes Mal aus den Latschen. Joe ist und bleibt eben eine coole Socke. Wenn ich mit jemandem durch voll krasse Abenteuer müsste – dann definitiv mit ihm! Das hier ist so ein Abenteuer! Nein – es ist sogar mehr! Viel mehr! Fuck!
"He Mia? Träumst du? Hey!" Joe schüttelt mich sanft. "Mia Miauuuu! Aufwachen! Hey, ich verstehe das wirklich! Ich bin nicht sauer. Im Gegenteil! Ich mache auf jeden Fall weiter! Hörst du?"
"Ohne mich?", frage ich mit einem unschuldigen Augenaufschlag. Sein Gesicht ist nur hundert Blatt Papier von meinem entfernt.
Joe nickt und distanziert sich ein Stück. "Yes Mam! Ich

bleibe dran!"
Er provoziert. Dabei bin ich diejenige, die den stinkenden Fisch an Land gezogen hat. Er will nicht, dass ich ihm später vorhalten kann, dass er mich überredet hat ...

## Beweis Nummer zwei

Mister Ray hustet in sein Taschentuch und drückt mit der anderen Hand seine Zigarillo aus. Ich meine Vanille zu riechen – und leicht angeröstete Sesamkörner. Komische Kombi denke ich und lasse mich gegenüber von Joe nieder. Jetzt sitzt Herr Julius von Stern zwischen uns – in der Zange. Entweder er bricht das irrwitzige Interview selbst ab, andernfalls muss er liefern. Die Negative sagen an sich noch nichts aus. Das kann so oder so zugegangen sein. Wenn wir wegen solch einer Sache jedes Mal ein riesen Tamtam machen würden, dann bräuchten Joe und ich mindestens fünf Menschenleben – nur um das

abzuarbeiten, was innerhalb eines Jahres anfällt. Ha! Doppelte Negative! Uninteressant!
Ich greife danach, frage: "Kann ich mir die ausleihen?" Ich lasse sie analysieren, werde herausfinden, weswegen es sie zweimal gibt!
Mister Ray lächelt mich an, antwortet mit beherrschter Stimme: "Selbstverständlich! Es sind, nun ja, Ihre ..."

Joe gießt Wasser in alle Gläser, schaltet unsere Luzi ein. Die Situation hat sich gewandelt. Obgleich Mister Ray zahlt, schafft er nicht mehr an. Es ist unklar, wer Gastgeber oder Gast ist. Ähnlich einer Zwangsgemeinschaft, welche so lange im Aufzug eingesperrt ist, bis jeder kapiert, dass es keinen Sinn hat, es sich gegenseitig noch schwerer zu machen. Freundschaftschließen ist angesagt. Bis der Lift sich wieder bewegt, oder Rettung naht. Bis die Geschichte zu Ende erlebt ist.

Joe guckt mich an.
Blackout! Ich weiß nicht, was ich fragen soll, weil ich nicht sicher bin, ob ich die Antwort darauf wirklich hören möchte. Vielleicht hätte ich doch gehen sollen? Noch ist

es nicht zu spät, rede ich mir ein, aber es klappt nicht. Blitzartig gehe ich die wichtigsten Regeln aus der Journalistenschule durch; die W-Fragen. Wer hat wann, warum, was gemacht? Wo und wie ist es passiert? Wer hat es gesehen? So unfähig wie jetzt, habe ich mich nicht mal in meinem ersten Interview gefühlt. Da ist mir dauernd der Stift heruntergefallen, einmal sogar der Block. Anfängerin, denke ich, grinse plötzlich, richte mich auf und sage mit fester Stimme: "Wenn unser Familienurlaub nicht stattgefunden hat, wie sind die Fotos zustande gekommen?"
Mister Ray zieht Luft durch die Nase und atmet sie mit einem hörbaren Phhhh aus. Mit einem Mal grinst er, hebt den Kopf, bildet mit den Händen einen Trichter vor dem Mund und beginnt seine Durchsage als Pilot: "Ladys and Gentlemen, my name is Mister Ray. We are now ready to ..." Er spricht plötzlich eine halbe Oktave tiefer, näselt, so dass man sich mit geschlossenen Augen vorstellen könnte, die Ansage sei echt und man säße wahrhaftig im Flieger. Joe und ich starren ihn fassungslos an. Jetzt zeigt sich, wer der Mann wirklich ist. Ein Bekloppter! Oder ein Betrüger! Oder eine Mischung daraus? Am Ende ein gelangweilter Milliardär, der ein Faible für skurrile

Spielchen hat?

Das reicht! Ich stehe auf, befehle Joe: "Let‘s Go!"
Doch er bleibt sitzen. Spinnt der, denke ich, drehe mich um, laufe zur Türe. Dort sage ich, kulant: "Ich warte unten auf dich!"
Mister Ray nimmt den *Trichter* vom Mund, schaut uns abwechselnd an. "Sorry! Ich wollte Sie nicht verunsichern. Es ist eben nur schwer auszuhalten – das alles ..." Seine Stimmlage klingt jetzt wieder original. "Bitte Mia, setzen Sie sich ..."
Dass er mich schon wieder Mia nennt, ist mir egal, darum geht es im Moment nicht. Das Einzige, was zählt, ist, ist der Typ wirklich seriös oder nicht? Hat er hieb- und stichfeste Beweise für seine ungeheuerliche Behauptung?

"Ich weiß nicht", beginnt Mister Ray, "wie ich es Ihnen beibringen kann ... Es gibt keine schonungslose Art ..."
Ich hoffe wieder, dass er Joe meint, obgleich mir schwant, dass es weiter um mich gehen wird. Das fühlt sich beschissen an! Ich reibe mir die feuchten Handflächen an der Jeans ab. Ob sich unser Bruchpilot noch an meine Frage erinnert? Ich sollte wirklich einen Blick in sein

Badezimmer werfen. Das tue ich bei nächster Gelegenheit. Auf jeden Fall! Quatsch! Jetzt! Wie aus weiter Ferne höre ich mich fragen: "Mit Verlaub Mister Ray, macht es Ihnen etwas aus, wenn ich in ihr Bad sehe? Was finde ich dort?"

Er schaut mich einen Augenblick verdutzt an und beweist, dass er glasklar im Kopf ist.
"Ach so, Sie meinen ... Dass Sie dort Medikamente finden? Die meine Phantasie beflügeln? Selbstverständlich dürfen Sie das tun. Es wird sich allerdings erledigen, wenn Sie sich das hier anschauen!"
Er greift ganz nebenbei nach dem Fotostapel und platziert eine Reihe von Bildern mitten auf dem Tisch. Wir beugen uns vor. Je näher ich komme, desto schärfer und um so verstörender wirkt das, was ich zunächst nur schemenhaft erkenne. Oder? Was ist das? Es sieht aus wie ... Hä? Seltsam ... Kann das sein?
Joe springt auf, schreit: "Fuck! Sind Sie verrückt? Total übergeschnappt?"
Wenn ich ehrlich bin, klingt seine, Joes Stimme, übergeschnappt. Mister Ray hingegen schüttelt ungläubig den Kopf; beinahe so, als sehe er die Fotos ebenfalls das

erste Mal.

Von weiter weg, dachte ich, Schweine zu sehen. Schweine in Gitterkästen eingeklemmt. Skulpturhaft, weil jedes Tier von einer Art transparentem Tuch umhüllt ist. Der Körper wird von einer Apparatschaft gehalten. Einem Gestänge mit diversen Plattformen und zahlreichen Gelenken. Ich frage mich, wofür die sind.
Von den bloßen Körpern gehen verschiedenartige Kabel und breite Schläuche ab, welche in den schmalen Gängen zusammengeführt und nach oben geleitet werden. Dort verteilt sich das Geflecht, wie ein Spinnennetz und zieht sich durch riesige Hallen. Die Schweine, in den Gitterkisten, sind in langen Reihen, mit schmalen Gängen dazwischen, zigfach übereinandergestapelt.
Je weiter ich mich vorbeuge ...
Jetzt verstehe ich Joes Ausbruch. Er ist zum Spülbecken gerannt, beugt sich darüber und würgt, aber es kommt nichts. Zum Glück denke ich, weil ich Kotzen echt auf den Tod nicht ab kann. Auch nicht bei Freunden. Ich schlucke und starre an Mister Ray vorbei auf die Fotos. Die Schweine sind Menschen!!!

"Es sind tausende, zig abertausende", flüstert Mister Ray, "und das ist ihr Urlaub. Exakt das, was Sie hier sehen! Nein, keine Sorge, es geht ihnen gut. Schließlich macht man Ferien, um sich zu erholen, um Spaß zu haben. Es sieht schlimmer aus, als es ist, bzw. als es sich für die Betroffenen anfühlt. Sie wissen ja selbst, wie gut es einem nach einem gelungenen Urlaub geht, nicht wahr?" Er winkt ab – verharmlost das, was *er* als Story unseres Lebens angepriesen hat. Die, auf dem Silbertablett, welche wir nur noch vergolden müssten ...

Fassungslos stiere ich auf die Fotos. Mein Puls rast. Schweißperlen rinnen mir über die Stirn. Ich wische sie mit dem Handrücken ab, suche Joes Blick. Aber er hängt immer noch über der Spüle, schluckt, trinkt Wasser aus dem Hahn, wäscht sich das Gesicht, als habe er sich erfolgreich übergeben – was zum Glück nicht der Fall ist. Danke Joe! Dennoch ... Ich will wissen, was in ihm vorgeht, was er von den Fotos hält ... Sie könnten gefaked sein? Klar! Was sonst? Ehrlich gesagt, hoffe ich jetzt inniglich, dass der Typ uns verarscht, dass wir einpacken und ohne zu shoppen oder essen straight zum Flughafen fahren. Bye bye New York – scheiß auf die Kohle und die

Zeit ... Spätestens übermorgen hocken wir daheim und lachen über unsere Blödheit, auf so eine Geschichte hereingefallen zu sein. Yes!

Mister Ray betrachtet uns still und fragt Joe: "Benötigen Sie irgendetwas? Sagen Sie ruhig Bescheid Joe ..."
Mein Kollege winkt ab, schnappt sich ein Geschirrtuch, trocknet Hände und Unterarme und reibt dann über sein Gesicht und die Haare. Es wirkt, als rubble er die ungeheuerliche Geschichte einfach ab – doch sie haftet längst fest an. Plötzlich nuschelt er grinsend: "So viel Whisky haben Sie nicht da ... Nee, jetzt mal ehrlich!" Er setzt sich neben mich aufs Sofa.
Mister Ray sagt sachbetont: "Das ist eine gute Platzwahl, für das was nun kommt ... Sind Sie bereit?"

Was soll denn da jetzt noch kommen, frage ich mich, und wünsche mir wieder in meinem Bett in Hamburg aufzuwachen. Nur, da muss ich erst mal hingelangen. Mit oder ohne Pilot ... Aber wenigstens mit einem Doktor und Krankenschwestern on board... Ich grinse dümmlich, merke es, schlucke aufgeregt und lege Joe die Hand aufs Knie. Geht's wieder? Er schiebt sie weg, beugt sich vor

und glotzt auf die Bilder.
Mister Ray zuckt mit den Achseln und entschuldigt sich. Gleichzeitig holt er einen weiteren Stapel aus dem Umschlag und löst das rote Gummiband ab. Seine Hände zittern. Er entschuldigt sich nochmal, witzelt: "Gut dass ich nicht mehr fliege, stimmts?" Er lacht. Wir nicht.

"Mia ... Frau Anton ... Hier sind ein paar Vergrößerungen ... Schauen Sie mal!" Er schiebt zwei Fotos rüber und lehnt sich zurück.
Joe und ich untersuchen den Bildinhalt. So, als ginge uns das persönlich alles gar nichts an. Wir sind Journalisten und üben unseren Beruf aus – mehr nicht!
Inmitten einer Blase aus aufgeblähtem, gardinenartigen Stoff erkenne ich einen zusammengefalteten, also gekrümmten, fast nackten Leib. Dieser baumelt schwebend, so macht es den Anschein, mitten im Kasten. In Wirklichkeit hält ihn das filigrane Gestänge mit Bändern und den gepolsterten Plattformen so, dass der Körper auf der Seite liegt. Ich betrachte die geschlossenen Augen; das ganze Gesicht wirkt tiefenentspannt. Anfänglich glaube ich, eine Glatze zu sehen. Doch die aschblonden Haare sind

zusammengebunden und kleben mit durchsichtiger Folie eng am Kopf. Die gardinenartige Blase um den Menschen herum macht mir eine direkte Sicht unmöglich. Dennoch erkenne ich, dass der Brust und der Genitalbereich von knappen ockerfarbenen Tüchern umwickelt ist – wie ein fantasieloser Bikini ohne jeglichen Style. Eine Frau! Mein Blick gleitet von den schlaff herabhängenden Händen über die bloßen Arme zurück zum Antlitz. Sie schläft so tief, dass sie ebenso gut tot sein könnte. Mir fällt Schneewittchen ein.

Ich linse auf Joes Foto. Er bemerkt es, wir tauschen.
Der männliche Korpus – kein Bikini, nur ein Höschen – pendelt, bäuchlings, mit dem Gesicht nach unten, dem Hintern oben "mitten in der Luft" – im eigenen Abteil ... Haare mit Folie angepresst, Gardinenblase drum herum – gleiches Programm ...
Mir schießt durch den Kopf, wie die Betrogenen reagierten, wenn sie wüssten, wofür sie ihr sauer verdientes Geld ausgeben? Sie gingen auf die Straße! Sie würden alles kurz und klein schlagen und nie mehr wieder einem Staat und seinen Dienern vertrauen. Es wäre der Super-GAU. Nichts auf der Welt hätte sie je so wütend

gemacht ... Chaos!!!

Als lese Mister Ray meine Gedanken, sagt er: "Oder sie kapieren, dass sie bekommen haben, was bestellt war ..." Er beobachtet Joe und mich aufmerksam und schiebt mit unschuldiger Miene hinterher: "In dieser unnatürlichen Haltung erkennt man seine eigene Mutter kaum wieder, nicht? Und den Vater ebenso wenig. Das ist normal – nehme ich an. Ach und das hier sind Sie ... Mia ..." Er legt ein weiteres Foto vor mich.
Ich greife nicht danach, schaue nicht mal hin, denke, der spinnt doch ...
Mister Ray sagt väterlich: "Sie sind doch jetzt erwachsen ..."
Mir ist klar, dass ich aus der Nummer nicht mehr herauskomme, aber ich bleibe trotzig. Schließlich nimmt Joe das Bild, betrachtet es, legt den Arm um mich und sagt: "Jap Mia, das Muttermal am Hals sieht auf jeden Fall so aus wie ..." Er lehnt sich etwas zurück und schaut auf meinen Hals, mein Gesicht, meine Hände ...
Total geschockt starre ich auf das Foto, das kleine Mädchen und spüre, wie mich eine Riesenkrähe, mit kräftigem Schnabel, hinten am T-Shirt Kragen packt,

mich nach oben reißt und hin und her schleudert. Meine Arme und Beine baumeln unkontrolliert in der Luft. Ich spucke, krächze, will schreien: "Lass mich runter!" ...

Ich habe noch nie in einem Interview geheult. Das ist das erste Mal. Heiße Tränen schießen wie aus Springbrunnen, rinnen mir die Wangen entlang, tropfen auf die Jeans, auf Joes Hände, die mir sanft über die Arme streicheln. Ich hasse Mister Ray!
Selbstverständlich habe ich mich erkannt. Sofort! Und mit dem kleinen Hinweis auf meine Mama und meinen Papa ... Auch sie! Aber das Schlimmste ist, dass es in dem Moment KLICK macht. Zornig schreie ich Mister Ray an: "Sie haben mich deswegen ausgesucht! Nur deswegen! Stimmts? Sie ... Sie Monster! Sie ... Sie kranker Mensch! Sie ..."

Joe zieht mich zurück auf die Couch, umarmt mich, hält mich ganz fest und flüstert nettes Zeug in mein Ohr. Das macht mich noch wütender. Ich stoße ihn von mir, stehe auf, wanke verloren hin und her, bis ich mich erschöpft niederlasse. Mister Ray ist inzwischen aufgestanden, fingert am Wasserkocher herum und sagt mitfühlend: "Ich koche Ihnen jetzt einen Kamillentee. Wir machen morgen weiter. Für heute ist es genug. Speisekarten finden sie auf ihren Räumen. Bestellen Sie, was Sie möchten." Er zwinkert Joe zu und sagt: "Geht aufs Haus. Wir sehen uns alle morgen zum Frühstück? Kleider zum Wechseln finden Sie in den Schränken – in drei verschiedenen Größen."

## Joe bleibt

Normalerweise, wenn Joe mich aufs Zimmer bringt, was zuweilen vorkommt, haut er gleich wieder ab. Fast so, als sei er auf der Flucht. Keine Ahnung weshalb. Er ist meistens so schnell weg, dass ich nicht mal Zeit hätte zu fragen, ob er auf ein Getränk bleiben will.

Jetzt liegen wir auf dem Bett, eng ineinandergeschlungen. Ich heule abermals und er wartet ab, sagt nichts, tut nichts. Mir läuft die Nase, mein Gesicht ist patschnass.

Sein Hemd auch. Zumindest an der Stelle, auf der mein schwerer Kopf liegt. "Gib mir mal die Tasse!", quetsche ich heraus. Er reicht sie mir, ich trinke. Mit zitternden Händen, ungeschickt, wie eine Fünfjährige, der Papa eine zu große und zu volle Tasse gegeben hat.

Papa – in dem Fall Joe – fragt, ob ich Hunger habe, drängt nicht, hilft mir schweigend beim Umziehen, deckt mich zu und legt sich neben mich. Sein Arm liegt still auf meinem Rücken. Ich mag nicht mehr heulen, bin erschöpft, aber es fließen neue Tränen über die Wange auf das Kissen. Ich spüre, dass Joe Trost spenden will, und er merkt hoffentlich, dass es zu früh ist. Wahrscheinlich brauche ich mindestens eine Woche, um diesen Tag zu verdauen – oder zwei.
Kann mich nicht erinnern, wann ich das letzte Mal so verzweifelt war. Ausgerechnet jetzt bewegt Joe seinen Arm nach unten ... In Richtung Po ... Ich halte die Luft an. Plötzlich lacht Joe, sagt: "Ich wollte dich nur aufheitern. He Mia Miauuu!"
"*So*?", frage ich und schiebe hinterher: "Men are so stupid!" Bevor er antwortet, sage ich trotzig: "Dieser Ray hat doch ne Meise, oder Joe? Das stimmt doch alles

hinten und vorne nicht, richtig Joe? Los sag! Stimmts? Hab ich Recht?"
"Ja, hast du! Logisch!", erwidert er total übertrieben; also gelogen und wir umarmen uns lachend.

## New York New York – the City of Dreams

Morgens ist meine alte Kraft wieder da. Ich springe aus dem Bett, ziehe Joe die Decke weg und sage: "Los geht's! Wir schließen die Sache heute ab! Ich will heim!"
Er grinst, sein Bauch grummelt, meiner plötzlich auch. Wir haben einen Bärenhunger und überlegen, ob wir den gemeinsam mit oder ohne Mister Ray stillen? Während wir uns waschen und anziehen, quatschen wir unablässig. Joe ist nach wie vor der Meinung, dass er dranbleibt. Egal wie lange es dauert. Vermutlich hofft er nicht, dass ich mitmache – er weiß es!

Auf der Theke im Wohnzimmer ist angerichtet. Ein

opulentes Büfett! Für drei! Es duftet nach frischen Brötchen, nach gedünstetem Gemüse, nach Lachs und Honig. Weil ich niemanden sehe, fallen mir Dobby und die Hauselfen aus *Harry Potter* ein. Ich bin albern und sage giggelnd: "Stell dir vor Joe, wir sind ganz alleine, Mister Ray hat uns gelinkt, ist abgehauen und hat die Rechnung nicht bezahlt?"
Joe streicht mir grinsend über die Haare, flüstert in mein Ohr: "Bevor wir unten Bescheid geben oder uns davon schleichen, gehen wir nochmal ins Schlafzimmer ..."
"In meins oder in deines?", frage ich spitzbübisch und schiebe ihn weg. "Nee", sage ich und hebe den Zeigefinger, "ehrlich ... Die Story wäre echt einen Artikel wert – allerdings in der Kolumne!"
Joe lacht laut auf, erwidert feixend: "Und der gestrige Film läuft bereits auf You Tube!"

"Tut er nicht! Und nur Sie beide bestimmen, ob er in Hollywood verfilmt wird oder nicht!" Mister Ray ist eingetreten, frisch geschniegelt, seine Schuhe glänzen, das weiße Hemd leuchtet, die Rolex ziert sein Handgelenk, aber das Verblüffende ist, dass er auf einen Stock gestützt schreitet.

Während wir uns unverschämt große Portionen auf die Teller schaufeln, fragt Mister Ray: "Gut geschlafen?"
Joe und ich schauen uns an, sagen gleichzeitig: "Ganz wunderbar!"
"Das freut mich! Wir könnten heute einen Ausflug machen. Waren Sie schon im *Intrepid Sea Air und Space Museum*? Dort könnte ich Ihnen im Simulator zeigen, wie man ein Flugzeug fliegt ..."
Joes Augen leuchten für einen Moment - ich schaue ihn streng an. Mister Ray plappert unverfängliches Zeug. Wir nicken ab und zu – so, als habe sich im Frühstückssaal ein Fremder zu uns an den Tisch gesetzt.
Aha, denke ich, endlich stellt sich heraus, dass Mister Ray gelogen hat, dass wir einen unterhaltsamen Menschen kennengelernt haben und nachher heimfliegen. Ich bin erleichtert. Gleichzeitig spüre ich, wie mein Gesicht rot anläuft, weil mir diese *Chance* to big wäre. Was bin ich für eine Journalistin, frage ich mich und versuche, die erdrückende Scham hinter der viel zu kleinen Tasse zu verbergen. Der warme Kakao tröstet, lenkt mich wenigstens für ein paar Schlucke ab; vom gestrigen Abend und von dem, was noch kommt? Bitte nicht! Ich bin feige, aber es ist mir egal! Joe schafft das locker ohne

meine Mithilfe! Oder?

Nach dem Frühstück gehe ich für ein paar Minuten auf den Balkon, am Pool vorbei und betrachte die amerikanische Welt von oben. Gelbe Taxen kämpfen sich durch Straßenschluchten, egal wo ich hinsehe – überall Bewegung – kein friedliches Plätzchen in Sicht. Jetzt eine Zigarette! Aus alter Gewohnheit führe ich die Hand zum Mund, berühre mit den Lippen, den Zähnen meinen Daumennagel und beiße zu. Mist, denke ich sofort, haue mir gedanklich auf die Finger, atme tief durch und gehe wieder rein.

## Interview - Take fünf

"Tut mir leid!", sagt Mister Ray zu mir, "wegen gestern Abend ..."
Wir sitzen um den Wolkentisch. Vor uns dampft Kaffee aus den Tassen, daneben stehen kalte Getränke.
"Sie haben niemand anderes als *mich* entdeckt auf den

Fotos?", frage ich nach.
"Keine andere Journalistin!", bestätigt Mister Ray sanft. "Es war eh Zufall. Ich hätte Sie ja als fünfjährige gar nicht erkannt."
Ich schlucke, frage: "Und? Sind Sie zufrieden, dass *ich* jetzt hier sitze?"
Er nickt, antwortet: "Ehrlich gesagt ... Ja! Sie sind eine brillante Journalistin. Vielleicht manchmal ein wenig zu vorsichtig. Aber dafür haben wir ja noch Joe!"
Ich schlucke wieder. Bin nicht sicher, was mehr wiegt. Das Lob oder die Beleidigung?
Joe legt seine Hand auf meine und sagt mit fester Stimme zu Mister Ray: "Als Team sind wir unschlagbar!"
"Weiß ich!", antwortet der. "Dann können wir jetzt weitermachen, sonst sitzen wir nächste Woche noch hier. Und Sie wollen ja schließlich auch wieder mal nach Hause, nicht? Ich liefere Ihnen heute den finalen Beweis, nur für den Fall ..."
"Stimmt!", unterbreche ich ihn barsch. "Ein paar Fotos und Negative sagen ja heutzutage nicht viel aus. Sie könnten gefälscht sein! Stimmts Joe! Sag was!" Ich spüre, dass ich mich unmöglich verhalte. Wenn Joe an der Echtheit der Bilder konkrete Zweifel hätte, säße er nicht

mehr da ... Und ich ebenso wenig!

"Als Daniel von und zu Zorzin verstorben war, erhielt ich kurz darauf einen Brief von seiner Tochter. Das Schreiben enthielt nur wenige Worte und einen weiteren Umschlag."
"Oh!", rutscht es mir überrascht heraus.
"Was war darin?", fragt Joe von Neugier erfüllt.
"Ich fand einen Schlüssel für ein Postfach und die dazugehörigen Daten, also den Ort, usw. Ach ja, und die Nachricht. Sie lautet: *Nimm auf jeden Fall leichte Handschuhe mit und finde heraus, was es mit den seltsamen Gegenständen auf sich hat! Sei vorsichtig!* Kein Gruß – keine Unterschrift ..."
Mister Ray hält inne, bis ich frage: "Mehr nicht?"
Joe ist ungeduldiger als ich und sagt fordernd: "Gegenstände? Welche? Ein USB Stick? Eine Waffe? Noch ein Umschlag? Was war es?"
Mister Ray zuckt mit den Achseln, antwortet: "Keine Ahnung zum damaligen Zeitpunkt. Im Postfach fand ich lediglich zwei Schmuckstücke; eine Perle und einen Diamant. Ich konnte mir nicht vorstellen, dass Daniel mir ein Erbe vermacht. Also musste es mit dem *Geschenk* etwas auf sich haben – etwas wichtiges ..."

"Und?", fragt Joe, "haben Sie es herausgefunden? Oder müssen *wir* das machen? Haben Sie uns deswegen alamiert?"
Ich schlucke, denke, Mann Joe, nee ... Das hatten wir doch vorhin. Er hat sich nur an uns gewendet, weil er mich auf dem Foto gefunden hat. Dieser Mistkerl! Ich spüre, dass ich noch beleidigt bin. Andererseits möchte ich auf jeden Fall wissen, wie alles weitergeht.

Mister Ray hustet, dann sagt er: "Zunächst nicht. Ich bin ratlos nach Frankreich geflogen, um die Tochter zu kontaktieren. Aber sie war weg! Hat ruckzuck die Villa verkauft und war spurlos verschwunden. Kein Nachsendeantrag, keine Infos von den Nachbarn – nichts!"
"Aha!", sage ich, "und dann? Haben Sie …"
Joe unterbricht eifrig: "*Wir* können sie finden! Wie heißt sie mit vollem Namen? Wie alt ist sie? Haben Sie ein Foto? Sind Sie ihr je begegnet? " Er dreht sich zu mir. "Hey Mia – Vermisste finden können wir doch prima?"
Mister Ray winkt ab, erwidert: "Habe ich schon alles versucht. Ich habe sogar einige Leute von unterschiedlichen Geheimdiensten auf sie angesetzt.

Nichts! Kein Ergebnis!"
"*Sie* haben ja Kontakte!", sage ich und schiebe hinterher: "Ist das bei allen Piloten so?"
"Ach", bemerkt Mister Ray gelassen, "das ergibt sich manchmal. Wahrscheinlich nur, weil man so viel herumkommt."
"Klar!", sagt Joe grinsend und ich könnte ihm schon wieder die Gurgel umdrehen. Andererseits hatte er eben voll zu mir gestanden. *Als Team sind wir unschlagbar ...*

Ich betrachte Mister Rays Holzstock, der am Ohrensessel lehnt; zunächst unten, den silbernen Beschlag. Von dort gleitet mein Blick über das dunkelrotbraune Holz nach oben zum feingeschnitzten, polierten Drachenkopf aus Elfenbein. Mister Ray bemerkt es, fragt: "Irritiert Sie das Material? Der Stock ist uralt. Mein Vater hat ihn mir vermacht." Er lächelt sanft. Doch schon sagt er: "Der Stock hat Zauberkräfte!" Dabei nimmt er das untere Ende hoch, formt Daumen, Zeige-, und Mittelfinger zur Waffe, legt die *Mündung* auf den Silberbeschlag und sagt verschwörerisch: "Schießen, wie im Agentenfilm, kann ich damit nicht, aber er verbirgt dennoch nützliche Seiten. Wollen Sie mal sehen?"

Mir rutscht das Herz in die Hose und fast gleichzeitig frage ich mich, warum ich zuweilen so feige bin. Ray hat uns doch nicht herzitiert, um uns das Licht auszublasen! Ich schaue zu Joe, der zustimmend nickt. "Ja", sagt er begeistert, "zeigen Sie doch mal her, was er kann!"
Ich wünschte, ich wäre nur halb so mutig wie er. *Falsche Berufswahl* schießt es mir durch den Kopf und ich tröste mich damit, dass ich es als erfolgreiche Detektivin kaum leichter hätte und mindestens genauso viel Mut aufbringen müsste, wie als Investigativjournalistin. Keine Ahnung, ob ich ohne Joe längst gewechselt hätte? Irgendetwas Langweiliges. *Hausfrau* gibt es ja nicht mehr. Zumindest nicht offiziell. Alle Frauen, die lediglich das sein möchten, gelten als arbeitsscheu, um nicht zu sagen faul. Den Haushalt und alles was dranhängt erledigt man längst nebenbei. Mich wundert seit Jahren, dass sich die *emanzipierten* Frauen nicht dagegen auflehnen, aber sei es drum. Ich wage mich ja auch nicht aus der Deckung ...

"Zeigen Sie doch mal!", höre ich Joe erneut fragen.
Mister Ray schüttelt den Kopf und erwidert: "Vielleicht später! Jetzt halten wir uns an die Reihenfolge, right?" Er

steht auf und kommt mit einem XXL-Tablet zurück.
Joe bringt Luzi in Startposition.
"Alles okay?", frage ich ihn.
Ray nickt, obwohl ich Joe meine.

Mister Ray stellt das Tablet auf die lange Theke, winkt uns zu sich und sagt: "Wenn Sie bitte zu mir kommen, schalte ich den Beamer ein und wir können die Filme an das Stückchen freie Wand projizieren. Na?"
Wir nehmen die Gläser, gehen zu ihm und setzen uns auf die breiten, dunkelblau gepolsterten Barhocker. Joes Finger streift kurz meine Hand. Ich ahne, dass jetzt der nächste Schock kommt, doch dieses Mal bin ich vorbereitet; rechne mit allem. Ich atme tief durch und trinke einen Schluck Wasser.
Mister Ray fragt: "Ready?"
Joe antwortet salopp: "Ready, steady, go!"

## Beweis Nummer drei

Unser Gastgeber justiert flink herum und schiebt eine umgedrehte Schüssel vorn unter das Tablet. Wir lehnen uns zurück. Ray schaltet ein.
Aufmerksam folgen wir einem langen Kameraschwenk, der durch die riesige Halle führt. Jetzt erkennen wir, dass die Gitterkästen, in denen die Urlauber ihre Zeit verträumen, auf Rollbändern fahren; von einer Station zur nächsten.
Mister Ray kommentiert: "Die Koffer sind immer dabei. Gegen Ende wird umgepackt und es werden Mitbringsel hinzugefügt. Das läuft alles automatisch. Die für den Zoll einfach zu öffnenden Schlösser sind ein Segen. Halt, schauen Sie! Sehen Sie die Apparate neben den Öffnungen? Über sie werden die neuen Daten wie von Geisterhand an die eigenen Geräte übertragen."
"Welche Daten genau?", hake ich nach.
Ray antwortet: "Na die Urlaubsfotos und die Clips. Die ganze Kommunikation mit der Familie und den Freunden bis hin zu perfekten Videotelefonaten."
"Sie sagen, dass die KI komplette Videotelefonate

übernimmt?"
Ray lacht und sagt: "Dachte das mit der KI sei geklärt? Und die virtuelle Realität macht es möglich, dass sich die Urlauber treffen, gemeinsam speisen, sich animieren lassen, Sehenswürdigkeiten besuchen und Telefonnummern austauschen."
"Wow!", sage ich und frage: "Was ist mit diesen Ballons? Wofür sind die da?"
"Ach ja ... Innerhalb der Bubble herrscht die perfekte Temperatur und Luftfeuchtigkeit. Das System ist genial!"
Wir starren atemlos an die Wand.
Mister Ray erklärt: "Das ist die Bräunungsebene. Dort bekommen die Gäste, die gewünschte Farbe, inklusive Sonnenbrand."
"Ach so!", sage ich, "dafür die *Badebekleidung*?"
Mister Ray nickt, antwortet: "Genau! Außer die Nacktbader, aber davon gibt es nicht so viele. Sehen Sie die kleinen Düsen unter den Nasen?"
Wir beugen uns ein Stück vor.
"Sie erfüllen eine Reihe von Funktionen. Erstens erhält der *Kunde* die zum Urlaubsort passenden Düfte und gleichzeitig verströmen sie die notwendige Dosis – so wie im Flieger ... Ach ja, wenn Sie genau hinsehen, erkennen

Sie, dass die Düse drei Öffnungen hat. An der Atemluft misst man die psychische Verfassung und die Schlafphase."
"Was?", frage ich erstaunt. Vor Urzeiten habe ich ein paar Semester Psychologie studiert. "Dieses Verfahren wäre eine Revolution!"
"Stimmt!", erwidert Mister Ray. "Das ist alles eine Frage der Monetarisierung. Und des Arbeitsmarkts. Man will ja nicht auf einen Schlag eine ganze Zunft vom Platz fegen. Soweit ich weiß, ist es über den gleichen Weg sogar möglich, zu heilen. Natürlich nicht alle Krankheiten ... Nicht nur technisch, sondern auch in der Biochemie ist die Wissenschaft der Gegenwart um Lichtjahre voraus."

Mister Ray räuspert sich und fährt fort: "Und hier sehen wir die Versorgungsstation ... Es handelt sich um flüssige Nahrung. Was sonst? Die passenden Düfte werden ebenfalls über die Nasendüsen abgegeben. Hummer und Lachs für die betuchten Gäste, Pizza, Pommes und Burger genügen dem durchschnittlichen Anspruch."
"Es soll ja realistisch sein! So braucht man wenigstens keinen Strohalm und kein Plastikgeschirr", frotzelt Joe.
Mister Ray lässt sich nicht aus der Ruhe bringen. "Exakt!

Der Umweltschutz bezieht sich nicht nur auf Abgase, sondern auch auf den ganzen Müll! Stellen Sie sich mal vor, er würde ins Meer verkippt ... Das wäre unverantwortlich!"

"Aber es schwimmt doch jede Menge Müll in den Meeren?", sage ich trotzig.

"Genau!", bestätigt Ray, "Aber es wäre ungleich mehr, wenn ... Oh! Ach und hier, sind Sie und Ihre Familie, Mia. Huch! Haben Sie es gesehen? Soll ich zurückspulen? Warten Sie, ich zoome mal drauf ..." Während er am Tablet herummacht, sagt er: "Die Urlauber sind hübsch geordnet. Nach Familien, Gruppen, Mitreisenden, nach Sitzplatz und der Flugnummer. Auf die Art geht in der Regel keiner verloren."

"Was ist wenn doch?", frage ich energisch.

"Genau", hakt Joe nach. "Kommt das vor?"

Mister Ray sieht uns abwechselnd an, antwortet: "Da wären wir wieder an einem Punkt, den ich Ihnen gerne ersparen möchte. Ich wünschte Sie würden lockerlassen!"

"Tun wir aber nicht!", sage ich kalt.

Mister Ray schüttelt den Kopf und flüstert: "Dann wird eben mal einer vom Hai gefressen!"

Wir starren ihn geschockt an.

Er fährt fort: "Es gibt unzählige Möglichkeiten das Verschwinden einzelner zu, hm, zu erfinden. Das löst alles die KI. Bis hin zum Nachrichtenbeitrag, so es der Fall überhaupt bis dahin schafft. Von den meisten *Haiattacken* bekommt die Öffentlichkeit gar nichts mit."
Er konzentriert sich und stoppt den Film an der perfekten Stelle.
Joe sagt bewundernd: "Mit Ihnen möchte ich nicht am Computer zocken. Krass!"
Ich glotze auf die Wand. Sehe meinen verdrehten kleinen Körper auf dem Gestänge. Blut schießt mir in den Kopf – Hauptsache keine Tränen in die Augen. Mist! Ich hasse ihn - diesen Ray! Zum Glück gelingt es mir, cool zu bleiben. Ich atme tief durch, schließe für einen Moment die Augen, reiße mich zusammen.
Mister Ray startet den Film wieder.
Alles gerät in Bewegung. Die Gitterkästen wandern nahezu lautlos dahin. Die aufgespießt wirkenden Körper werden durchgehend gewendet; wie Hühner auf dem Grill. Zusätzlich dreht und schiebt das Gestänge die Füße, die Knie, die Hüfte, den Nacken, die Schultern, die Armbeugen und Hände bis in die Fingerspitzen nach allen Richtungen.

Ray kommentiert: "Es gibt obendrein eine Sportabteilung. Fitnessfreunde nehmen daher nicht zu oder sogar ein wenig ab. Irre was?"
"Allerdings!" Ich schaue ungläubig auf den Film; denke ans Abreisen. Aber jetzt ist es definitiv zu spät sich aus dem Staub zu machen. Mist!

"Wollen Sie noch mehr sehen oder ist es genug?", fragt Mister Ray. Er schaltet ab.
Wir lehnen uns zurück, überlegen kurz.
Ray ergänzt: "Ich habe noch die Reinigungsstation – das ist ein wenig unappetitlich ... Läuft übrigens auch alles automatisch. Angestellte sind nirgends zu sehen. Allerdings habe ich nicht alles angeschaut. Es ist definitiv zu viel auf dem Datenträger; würde Jahre dauern ..."
"Welcher Datenträger?", fragt Joe überrascht.
"Ach so ja ... Dazu kommen wir gleich. Haben Sie sonst Fragen?"
Mir fallen die bekannten Touristenorte ein, daher sage ich: "Wofür sind die ganzen Hotelburgen, die es zweifellos gibt?"
Mister Ray lacht und erwidert: "Nun ja, erstens gibt es ja nicht nur Pauschaltouristen, zweitens braucht man

Herzeigeimmobilien, und drittens ... Hm, wenn Sie da mal übernachten, fällt Ihnen vielleicht auf, dass es unter der Woche nicht gut besucht ist. Und dass dort an Feiertagen und Wochenenden eher reiche Einheimische aus der Umgebung Ferien machen. Sie entschuldigen mich mal eben?" Er steht auf und schlurft ohne den Stock aus dem Wohnzimmer. Joe und ich schauen uns an, dann hechten wir gleichzeitig zu dem Gehstock; Joe ist schneller. Er dreht ihn hin und her, schraubt am Griff – erfolglos – untersucht ihn und schüttelt den Kopf: "Fehlanzeige!"
"Mist!", antworte ich. "Na ja, unser Bruchpilot holt jetzt wenigstens den Datenträger – hoffe ich jedenfalls! Irgendwo muss er den Film ja her haben!"
Joe lehnt den Stock wieder an den Sessel, kommt zurück und schenkt Wasser nach.

Mister Ray tritt ein und winkt uns an den Wolkentisch. Wir schnappen die Gläser und setzen uns auf die Ledercouch. Ray lacht und sagt: "Den Rest, ha ha, können Sie beide später ansehen – wenn ich weg bin!"
"Wenn Sie weg sind?", frage ich perplex.
Er nickt, sagt: "So man über mehrere seltsame Gegenstände verfügt, sollte man sie nie zusammen

verwahren, right?"
Joe fragt: "Was soll das heißen? Was um alles in der Welt haben Sie noch?"
Ich unterbreche ungeduldig: "Und wie sind Sie an den Film gekommen? Sie sagten doch, im Postfach fanden sie nur zwei Schmuckstücke."
"Guter Punkt!", erwidert Mister Ray zwinkernd. "Die Videos sind mir natürlich nicht zugeflogen. Es war reiner Zufall, dass ich sie entdeckt habe. Ehrlich gesagt hat es enorm lange gedauert bis ..." Er schluckt und legt die mitgebrachten Baumwollhandschuhe auf den Tisch. Drei paar – schneeweiß.
"Wofür sind die?", will ich wissen.
Ray winkt ab und greift nach seinem Gehstock.
Ich lehne mich zurück, schaue ihn entgeistert an. Er wird doch jetzt nicht abhauen? Uns in dem Schlamassel alleine lassen? Die Fotos, Videos und der angebliche Brief sind genau genommen nicht genug. Das ist ihm hoffentlich klar. Piloten sind doch keine Idioten! Oder?
"Wo ist der Brief?", frage ich kühl.
"Welcher Brief?", sagt Mister Ray und kichert.
Ich hoffe, das ist die Ausfahrt, mit der ich nicht mehr gerechnet habe – Ray beichtet, wir sagen *good bye, auf*

*Nimmerwiedersehen* und verschwinden.
Doch er löst sofort auf und sagt: "Habe Sie nur getestet. Sie meinen den Brief von Daniels Tochter!"
Wir nicken.
"Sie hat mich gebeten, ihn sofort nach dem Lesen zu vernichten. Tut mir leid. Ich wollte die junge Frau nicht in Schwierigkeiten bringen. Das schulde ich Daniel ..."
Wir schlucken. Fuck! Ein echtes Beweisstück! Vernichtet!!!
Mister Ray schiebt hinterher: "Sie ist ja ohnehin nicht auffindbar. Leider!"

## Endgültiger Beweis

Joe sagt: "Von wo aus wird der ganze Laden gesteuert? Es muss ja eine Art Büro geben, eine Schaltzentrale, Kontrolleure usw."
Ray zuckt mit den Achseln, antwortet: "Hm, wenn ich das wüsste ... Ich kannte mal einen aus dem

Sicherheitsbereich, der hat damit angegeben, dass er hinter verschlossenen Eisentüren arbeitet. Und dass im ganzen Gebäude niemand weiß, was im Nebenzimmer gemacht wird. Nach so etwas in der Art würde ich suchen. Aber das ist jetzt nicht mehr meine Aufgabe."
Ich schlucke. Joe sagt: "Wer war das? Dieser Bekannte?"
Mister Ray fragt: "Bitte?" Er rollt geistesabwesend den Gehstock zwischen den offenen Handflächen hin und her.
"Der Mann, der hinter Eisentüren arbeitet?", hakt Joe geduldig nach.
"Oh der ... Das war leider nur eine Urlaubsbekanntschaft. Wir haben uns nicht mal namentlich vorgestellt."
"Na das kann lustig werden!", sage ich. "Wir haben praktisch nichts! Keinen Anhaltspunkt, wo wir starten können."

"Nun ja", erwidert Mister Ray, "das würde ich so nicht sagen. Immerhin übergebe ich Ihnen heute den Datenträger, ähm, einen von beiden. Da finden Sie garantiert mehr. Viel mehr!"
"Was?", frage ich, "Sie haben zwei? Wo sind die?" *Her damit,* hätte ich fast gesagt ...
Mister Ray oder Julius von Stern lächelt sanft, sagt: "Ein

bisschen Geduld müssen Sie schon aufbringen junge Frau. Stellen Sie sich vor, auf dem Datenträger ist so viel gespeichert, dass es ein normaler Computer gar nicht anzeigt. Er tillt total durch, wenn man ... Egal! Es ist einfach alles zu abgedreht. Ich kann es selber kaum glauben und schon gar nicht fassen ..." Er seufzt und fährt fort: "Die beiden Schmuckstücke habe ich über Monate untersucht und nichts entdeckt. Keinen Hinweis, keine Spur, einfach absolut nichts. Ich dachte schon, Daniel hat sich vielleicht doch einen Spaß erlaubt. Aber das passt nicht zu ihm."
"Und dann? Wie ging es weiter?", frage ich.
Ray grinst, stellt den Stock an die Lehne und gestikuliert mit den Händen. "Dann kam mir der Zufall zu Hilfe. Als ich den Diamant wieder und wieder betrachtete, fiel er mir herunter; auf mein Tablet. Er rutschte übers Display und just in dem raschen Moment, als er über die Kameralinse schlitterte ... Sah ich für einen winzigen Augenblick ein Bild, welches mit Sicherheit nicht von meinen eigenen Daten stammt."
"Hä?", rutscht es mir heraus.
"Warten Sie, ich zeige es Ihnen!", sagt Mister Ray eifrig und greift nach dem Gehstock.

Vor unseren erstaunten Augen fummelt er am Silberbeschlag herum, drückt und dreht zeitgleich am Drachenkopf. PING! Dieser hängt urplötzlich, gehalten von einer Drahtspule, ein paar Zentimeter über dem Stock und eiert hin und her. Er erinnert mich an uralte Puppen mit Plastik-, oder Gummikopf, die ich früher als gruselig empfunden habe. Waren es nicht Clowns oder Joker? Meine Oma hatte mindestens fünf davon. Sie wollte sie mir sogar schenken!
Joe schaut auf die Uhr. "Jetzt geht es endlich los, ja?", sagt er grinsend. "Diesen Zeitpunkt müssen wir festhalten!"

Ray steht auf, dreht den Stock um und schüttelt ihn. Ein fingerkuppengroßer Diamant kullert über den Tisch und bleibt neben den Handschuhen liegen. Blitzschnell beuge ich mich vor und greife danach. Doch Ray lässt einen mega erschrockenen Schrei los und haut mir voll auf die Finger. Ich schaue ihn ungläubig an. Sein Gesicht ist knallrot, er schnaubt vor Wut und brüllt mich an: "Haben Sie den Stein berührt? Los! Sagen Sie! Haben Sie ihn angefasst? Mann!!!"

Ich schaue ihn verdattert an, antworte schließlich: "Keine Ahnung! Glaub‘ nicht ... Ich wollte nur ..."
Ray schlägt sich an die Stirn und wiederholt: "Los, erinnern Sie sich! Berührt oder nicht?"
Ich betrachte meine Handflächen, die Finger, sehe keine Brandmale, keine Abdrücke, nichts Ungewöhnliches und sage: "Ich bin ehrlich gesagt unsicher ..." In dem Moment fällt es mir wie Schuppen von den Augen – zu spät! Natürlich liegen die Handschuhe deswegen hier! Was ist nur los mit mir?
Joe fragt: "Was ist nur los mit dir Mia?" Er deutet auf die Handschuhe und sagt: "Ist doch logisch! Oder?"
Ich schnappe nach Luft und verteidige mich. "Ich glaube nicht, dass ich schon ganz dran war. Echt!"
Mister Ray sinkt in den Sessel, hustet und trinkt einen Schluck. Er schüttelt den Kopf und sagt einigermaßen versöhnlich: "Das will ich ehrlich gesagt hoffen. Für Sie! Warum werde ich Ihnen beiden gleich zeigen. Vorweg ..." Er schiebt uns die Baumwollhandschuhe hin, zieht selber welche an. "Vorweg ... Mit dem Berühren des Steins geben Sie all Ihre ohnehin gespeicherten Daten frei, sind zuzuordnen und verraten ihre Geodaten. Wissen Sie, was das bedeutet? Sie tun kund, dass Sie im Besitz des Steins

sind. Dafür wird man Sie jagen und töten!" Er starrt mich an, sagt mit Nachdruck: "Wir sollten von hier verschwinden!"
"Jetzt?", fragt Joe total entsetzt. Er dreht sich zu mir, sagt eindringlich: "Mia! Hast du den Stein schon berührt oder nicht? Wenn du unsicher bist hauen wir ab! Verstehst du? Erinnere dich! Aber richtig!"
Ich schaue ihm kopfschüttelnd entgegen, bekräftige: "Nein Joe, ich war so kurz davor!" Mit dem Zeigefinger und dem Daumen demonstriere ich, dass ich noch fünf Zentimeter entfernt war, als mir Ray auf die Finger gehauen hat.

Joe dreht sich zu Mister Ray und sagt: "Wenn Miriam sagt, dass es so war, dann stimmt das! Ich schätze, wir können hier bleiben."
Ray steht auf, sagt: "Ja, das können Sie. Ich hingegen hole dann den zweiten Datenträger; die Perle. Vorher zeige ich Ihnen noch schnell etwas. Kommen Sie! Und ziehen Sie um Himmelswillen jetzt die Handschuhe an, damit so etwas nicht nochmal passiert. Ich bin zwar Pilot, aber so starke Nerven habe ich nicht mehr, klar?" Er schaut mich vorwurfsvoll an. Ich halte seinem Blick stand und gehe

mit Joe nochmal an die Theke. Auf dem Weg folgen wir seinem Rat, schlüpfen in die Handschuhe – auf die sichere Seite.
Mister Ray entfernt die Schüssel unter dem Tablet und platziert den Diamanten direkt auf der Kameralinse. Der Bildschirm zeigt einen wildfremden Urlauber in seinem Abteil. Er ist knackig braun gebrannt, schläft tief und fest, lächelt zufrieden; und sabbert.
Ray bewegt den Stein ein Stück. Jetzt sehen wir wieder das Kabelspinnennetz an der Hallendecke. Überall hängen winzige Kameras und Messgeräte, die mir auf den Fotos gar nicht aufgefallen sind.
Ray sagt: "Das blöde ist, ich kann nicht spulen ... Es geht schon irgendwie, aber weil auf dem Datenträger so viel gespeichert ist, lässt sich das Spulen auf meinem Gerät nicht justieren. Schätze wir brauchen einen Quantencomputer dafür."
"Haben wir aber nicht!", sage ich trocken.
Joe haut mit der flachen Hand auf den Tresen, sagt: "Verflixt! Wie sollen wir denn auf die Art ..? Verflixt nochmal!"

Julius von Stern grinst uns breit an und sagt: "Eine kleine

Überraschung habe ich noch ... Warten Sie mal ..." Er dreht den Stein so lange, bis eine einzelne Person zu sehen ist. Dann hebt er wichtig den Zeigefinger und sagt: "Schauen Sie mal!" Er fummelt am Tablet herum, öffnet das Excel Programm. Mit einem Mal erscheint eine ellenlange Datei. Ray scrollt, hält ab und zu an. Wir lesen in die angezeigten Spalten hinein. Datum: 30.06.1998; 14:32 Uhr Imbissbesuch; Golzplatz 2; Begegnung: Michael Gerste/Gespräch; Fotos: 2; Videos: 0
Nächste Zeile: 30.06.1998; 15:50 Marienweg 16, Zuhause/TV; Begegnung: Ehefrau Stefanie; Fotos: 0; Videos: 0
"Was?", frage ich entgeistert. "Da ist alles minutiös festgehalten! Das ganze Leben!"
Ray zuckt hilflos mit den Schultern. Joe und ich starren uns geschockt an. Ray schiebt hinterher: Das ist noch nicht alles. Klicken Sie ruhig auf die Foto-, oder Videospalte. Na!"
Joe traut sich ... Eine dreispaltige Datei geht auf.
Mister Ray erklärt: "Hier sind alle Fotos, die während des gesamten Lebens geschossen wurden, gespeichert. Links die alten Fotos mit den Negativen, daneben die Neuen, samt digitalen Daten und rechts die KI generierten. Fein

säuberlich geordnet nach Ort, Datum, Uhrzeit. Die KI orientiert sich an den originalen Bildern.
"Was?!", fragen wir entgeistert.

Mister Ray seufzt und ergänzt: "So habe ich *Sie* gefunden Miriam Anton, verstehen Sie? Mein Excel Programm war zufällig im Hintergrund geöffnet ... Sonst hätte ich das gar nicht entdeckt!"
Joe sagt verdutzt: "Sie legen den Stein auf die Kameralinse und schwupps beginnt die Show?"
Ray nickt und bestätigt: "Right! Neben dem unkontrollierten Spulen, ist ein weiteres Problem, dass die Suchfunktion nicht will. Ich kann zwar Namen eingeben, erhalte aber dazu keine passenden Daten. Es funktioniert nur umgekehrt. Aber vielleicht finden Sie ja heraus, wie das geht?"
Joe sagt: "Aha! Und die Videos? Woher haben Sie die?"
Mister Ray lacht und sagt schlagfertig: "Na ich habe natürlich sofort auf Aufnahme gedrückt, als der Spuk begann. Was denken Sie denn?"
"Und so fanden Sie zufällig mich?", hake ich nach.
Ray nickt und bestätigt. "Genau! Die dazugehörigen Daten bekam ich über die Excel-Datei. Easy going! Ihren

Namen hat man ja schon öfter gelesen. Daher kannte ich ihn und wurde aufmerksam.!"
Ich ziehe mein Mobiltelefon aus der Tasche und schalte es ein. Mister Ray ahnt, was ich vorhabe, winkt ab und sagt: "Es funktioniert nicht mit allen Geräten – aber mit vielen. Und stellen Sie um Himmelswillen sicher, dass Sie offline sind!"

Joe verfolgt gebannt, wie ich den Diamanten auf die Linse lege, und ruft überschwänglich: "Es funzt! Krass! Wahnsinn! Ich glaub's nicht!"
Ich schaue ihn an, sage: "Gib mir mal dein Handy!"
Er schüttelt den Kopf, erwidert: "Das lädt noch. Ist im Zimmer."
Ich sage: "Okay, dann probieren wir es nachher. Was ist mit deinem Tablet?"
"Jau!", sagt er, "sofort!", und steht auf.
"Stopp!", unterbricht Mister Ray resolut. Wir halten in der Bewegung inne und schauen ihn abwartend an.
Er räuspert sich, trinkt einen Schluck und greift nach dem Gehstock. Dann sagt er: "Setzen Sie sich Joe! *Ich* gehe! Der Diamant bleibt hier. Und Sie beide haben genug Zeit, um herumzuspielen, zu forschen, sich zu wundern ... Ich

hole die Perle und komme in spätestens vier Tagen zurück."
"Was?", fragen Joe und ich gleichzeitig. "So lang?"
Er zuckt mit den Schultern, sagt nichts.
Ich überlege kurz, finde, dass die Zeit zu knapp ist, um nach Hause zu fliegen – und wieder zurück.
Doch schon sagt Mister Ray: "Die Suite ist auf uns drei reserviert und bezahlt bis einschließlich Sonntag. Verzeihung, ich habe Ihre Namen ... Dachte Sie fühlen sich so wohler während ich weg bin." Er steht auf, schaut uns abwartend an und ergänzt: "Bestellen Sie, was Sie möchten. Das ist alles gedeckt. Wenn Sie niemanden sehen wollen, nicht mal das Personal ...", er deutet in die Ecke auf einen kleinen Aufzug, "dann bestellen sie einfach übers Telefon und sagen dazu *by Lift*. Das klappt in der Regel wunderbar. Was Sie nicht mehr benötigen, schieben Sie ebenso dort hinein und drücken den unteren Button. Easy! Falls Sie unbedingt raus müssen und nicht an der Rezeption vorbei wollen, ist der Nummerncode hier oben 919609 – bitte nicht notieren! Haben Sie das?"
Joe schaut mich fragend an. Für Zahlenkolonnen bin ich zuständig. Nachher zeige ich ihm einen Trick, wie er sich den speziellen Code merken kann. Ich lächle ihm zu – er

versteht.
Mister Ray oder Julius von Stern wartet nicht ab, sagt bestimmt: "Ich bringe Ihnen die Perle. Dann löse ich mich in Luft auf. Und Sie versuchen nicht mal mich aufzuspüren. Meine letzten Wochen oder Tage verbringe ich ohne Stress! Mein Husten ... Egal! Das ist der Deal!"

Ray ist verschwunden, schon benehmen wir uns wie Kinder und jagen uns gegenseitig durch die Suite. Der Wahnsinn! So eine geile Bude! Yes! Und alles bezahlt! Wow! Joe rennt um den wuchtigen Ohrensessel, greift nach meinem Arm. Daneben! Ich rufe ihm lachend zu: "1960 – ab da wurde es spannend, hat er gesagt. Vorne und hinten hängst du einfach eine neun ran – schon hast du den Code. Ha! Du kriegst mich nicht!"
Joe stoppt, senkt den Kopf, macht die Schultern rund, fährt die Ellbogen aus und schnaubt durch die Nase, wie ein wilder Stier. Ich schreie ihm lachend entgegen: "Ole! Mister 919609! Dann mal los!"

Plötzlich halten wir beide inne und starren auf den Wolkentisch. Unsere Luzi ist weg! Ray hat sie uns gestohlen! Ich sinke in den Ohrensessel, lasse den Kopf

hängen und murmele: "Dieser Mistkerl! Jetzt haben wir nur noch den Stein!"
Joe setzt sich auf die Lehne, legt den Arm um mich und erwidert: "Ist doch gut! Der ist doch das Wichtigste. Da ziehen wir alles raus, was wir brauchen!"
Ich schaue gekränkt hoch und frage: "Findest du es etwa in Ordnung, dass er uns einfach beklaut? Hey Joe! Er hat unsere Luzi mitgenommen! Dieser blöde Spinner!"
Joe grinst. Ich verstehe nicht weshalb und schiebe seinen Arm weg. "Mann Joe! Da ist das Interview unseres Lebens drauf! Was gibt s denn da zu grinsen?"
"Oh!", sagt Joe und zieht betont beiläufig sein Handy aus der Tasche.
Ich stutze, sage: "Ich dachte das lädt; im Zimmer?"
Joe antwortet: "Mia Miau – denkst du etwa, so ein Interview lasse ich mir entgehen? Lasse es mir einfach stehlen?"
Mir fällt die Kinnlade nach unten.
Joe grinst, sagt: "Ich finde, du könntest mich jetzt umarmen. Schließlich bin *ich* auf Nummer sicher gegangen. Habe bis auf die allererste Szene alles im Kasten Mia Miau!"
Gedanklich spüre ich, wie die Riesenkrähe mich sanft auf

dem Boden absetzt. Ich schüttle ungläubig den Kopf, strahle ihn an, sage: "Joe, du Ratte! Genial!", breite die Arme aus und schlinge sie um ihn. *Als Team sind wir unschlagbar!* Hoffentlich bleibt das so – jetzt wo wir ein ... Sind wir nun wirklich ein Paar? Oder war das nur ...? Falls ja, will ich es gar nicht wissen. Zumindest noch nicht. Jetzt möchte ich am liebsten die Zeit mit ihm genießen und wenigstens so tun als seien wir ein ...

"Dennoch ...", sage ich und löse mich aus der Umarmung. "Die Zeit läuft! Was machen wir? Wen kontaktieren wir?" Ich denke zunächst an unseren wichtigsten Verleger. Heiner Naht - himself! Den sehen wir normalerweise drei Mal im Jahr und zum Weihnachtsfest – so ich hingehe ... Weiß gar nicht mehr, wann ich das letzte Mal anwesend war. Ich grinse. Joe hat mir beigebracht, dass es nicht schlecht ist, sich rar zu machen. Er sagt immer: "Besser der Boss fragt nach dir, als du nach ihm – solange du deine Arbeit gut machst!"
"Was ist mit Naht?", frage ich. Bevor Joe antwortet, sage ich schnell: "Nee warte! Wir checken erst den Stein! Das soll Renita machen! Die schafft das! Locker! Hoffentlich ..."

Joe stimmt zu und versichert: "Wir machen beides! Und zwar bevor Ray wiederkommt."
Ich sage zweifelnd: "Falls ... Hey Joe, er hat uns beklaut! Meinste echt, der taucht einfach so mir nichts dir nichts wieder auf?"
Er grinst mich an und sagt: "Jap! Weißte Mia, der ist auf Nummer sicher gegangen. Das ist alles. Kannst du dich erinnern, wie er am Anfang gesagt hat, wir möchten das Material nicht verwenden, bevor das komplette Interview beendet ist? Na?"
"Stimmt!", sage ich schmollend. "Mann hoffentlich hast du Recht! Ich vermisse unsere Luzi!" Joe umfasst mein Gesicht mit beiden Händen und küsst mich tröstend auf die Stirn.

Joe kümmert sich um Naht. Ich ziehe mich geschwind um. Renita lebt in Springfield MA.
Ich hole sie ab, bringe sie nicht unnötig in Gefahr. Wer weiß was passiert, wenn ich vorher anrufe? Sie regt sich auf, verplappert sich am Ende? Renita ist definitiv ein IT-Ass! Leider quasselt sie manchmal viel ... Das hat sie schon so manchen Job gekostet. Aber sie findet immer wieder einen – weil sie einfach genial ist! Ich kenne

keinen besseren ITler, keine bessere Hackerin!

Schließlich stehen wir an der Türe, schauen uns in die Augen und umarmen uns so doll, als sei es möglicherweise das letzte Mal – was natürlich quatsch ist. Heute Abend komme ich mit Renita zurück. "Machs gut Joe!", sage ich zwinkernd, stelle mich auf die Zehenspitzen, drücke ihm einen kleinen Kuss auf die Wange.

## Joe bleibt alleine zurück

"Nee, hier ist Joe. Ja verflixt nochmal! Ja den Naht ... Doch, der ist für mich zu sprechen. Jetzt! Worum es geht? Um alles! Sag ihm er kann schon mal den Champagner kaltstellen. Er bekommt die Story seines Lebens! Exklusiv!" Ich überlege, ob es eine gute Idee ist, die

Sache exklusiv herauszurücken. Das muss ich erst mal mit Mia besprechen. Egal, Hauptsache ich bekomme Heiner an den Apparat. Er geizt mit seiner Handynummer und hyperventiliert, wenn er ne heiße Story verpasst. Trotzdem läuft sein Laden. Bestens sogar!
"Heiner? Okay ... du musst sofort mit dem nächsten Flieger nach New York kommen. Es ist irre wichtig!"
"Was?", unterbricht er mich sofort. "Ich kann jetzt nicht weg. Spinnst du?"
"Doch", sage ich. "Es geht nicht anders, oder willst du, dass ich mich an die Konkurrenz wende? Pass auf, folgendes ..." Ich erkläre ihm so diplomatisch wie möglich, dass das seine Chance ist, ohne konkret zu werden. Habe das Gefühl, dass er die Dringlichkeit begreift und muss ihm trotzdem versprechen, dass ich auf die nächsten drei Honorare verzichte, wenn sich der Trip nicht lohnt. Das ist Heiner! Ich sage: "Ich verzichte sogar auf die nächsten fünf Honorare, aber nur wenn du dich augenblicklich auf die Socken machst!"
Er fragt: "Okay, wohin genau?"
"Palast Planet!"
"Was? Nobler Schuppen! Das lasse ich mir natürlich nicht entgehen. Wer zahlt? Doch nicht etwa du?"

Er weiß, dass ich chronisch pleite bin, weil ich meine Geschwister finanziell unterstütze – dieser Sack!
"Gut", sage ich, "du fährst in den dreißigsten. Zimmer, bzw. Suite 3030. Jetzt spitze die Ohren und schreibe die Zahlen nicht auf, klar? Nur für den Fall, dass ich mal kurz weg bin, tippst du oben, aufgepasst, 919609 ein, ja? Du gehst einfach rein und machst es dir gemütlich."
Heiner sagt: "Hä? Du willst, dass ich nach New York fliege und bist dann nicht da?"
"Falls, habe ich gesagt!" Ich schaue mich um. Eigentlich ist alles da, was ich brauche – außer Mia.
"Ist die Anton auch da? Sag! Ist sie bei dir?"
Ich schlucke, antworte: "Ähm, jap – sozusagen ..."
"Okay, hoffe, ihr verarscht mich nicht! Ich sage nur *fünf Honorare!*"
Der Geizhals legt auf. Ich überlege, ob ich ihm die Story überhaupt gönne? Dieser Halsabschneider! Auf der anderen Seite hat er uns schon zig Mal sein *Go* gegeben, wenn alle anderen zu feige waren.

Ich wähle sofort die nächste Nummer – die meiner Schwester.
"Hallo?", fragt sie zaghaft. Im Hintergrund läuft *Hotel*

*California.*
"Hey Prinzessin, ich bin's. Alles Gute zum Geburtstag! Hey!"
Sie schnieft, sagt leise: "Der war gestern ..."
"Ich weiß ..." Ich schlucke. "Tut mir leid ... Trotzdem: Alles, alles Gute! Was hast du gemacht? War Achim da?"
"Ja, war er ... Ähm, Danke! Wir haben dich vermisst. Ihm geht's nicht so gut ... Aber das wird schon!" Sie klingt traurig.
Ich schlucke wieder – ich Esel! Meine Schwester hat nur unseren Bruder und mich! Okay, – und ein paar Freunde. Zum Glück!
"Du Joe, ist Mia auch da?"
"Ähm, im Moment nicht. Ach so, von ihr auch alles Gute; soll ich dir sagen. Sie ruft dich bestimmt noch an. Wir sind ziemlich busy."
"Ihr seid immer ziemlich busy ..." Sie klingt jetzt verschmitzt. Das mag ich so an ihr. Aus tiefster Traurigkeit findet sie übergangslos hinaus ins helle Licht.
"Seid ihr jetzt eigentlich ein Paar? Wie lange sollen wir alle noch warten? Bis ihr heiratet bin ich tot!", sie kichert.
Ich reiße mich zusammen. Meine kleine Schwester ist sterbenskrank und weiß es natürlich. Daher grinse ich

nicht mal.
Sie schiebt hinterher: "Hey Joe, lass mich doch ... Auf die Art ist es besser auszuhalten, verstehst du?"
Ja, das verstehe ich sehr wohl! Aber es schmerzt trotzdem!
Im Anschluss an das Telefonat überweise ich ihr dreihundert Euro. Ich Idiot! Wie konnte ich ihren Geburtstag vergessen? Mia hat Recht – Men are so stupid!

Ich schlüpfe in die Handschuhe. Schade, dass mein Tablett keinen Beamer hat. Die Bilder auf dem Screen sind zwar brillant, aber dennoch! Ich spiele herum, entdecke die Reinigungsstation, von der Ray sprach und drehe den Stein schnell. Meine Artgenossen wirken unter den gezeigten Umständen befremdlich – beinahe wie Tiere. Genau – schlafende Tiere. Willenlos – hilflos – verloren. Ein unheimlicher Anblick! Trotzdem mache ich weiter. Vielleicht finde ich jemanden, den ich kenne? Mich wohl kaum.
Unser Urlaub bestand darin, hinter dem Mietshaus, auf der verschissenen Wiese zu zelten. Und ehrlich gesagt: Wir fanden es wunderbar! Grenzenlose Freiheit!

Wenigstens bis 22 Uhr ...
Dann mussten wir still sein. Flüsternd erzählten wir uns gegenseitig Witze, kicherten oder bissen vor Lachen in unsere Schlafsäcke. Aus den Wohnungen hörten wir das übliche Gezeter und Gebrüll. Ab und zu schlich einer von ihnen ums Zelt – wir haben uns beinahe in die Hosen gemacht – und erkundigte sich lautstark, ob wir ja alle schliefen. Was für einen Aufsatz schreibt man darüber, wenn die Schule wieder beginnt?
Ich habe mir einfach Geschichten ausgedacht. Demnach war ich praktisch in allen Ferien in einem anderen Land. Selbstredend habe ich sauber recherchiert und so früh die Welt kennengelernt. Das war cool! Und obgleich jeder wusste, dass alles geschwindelt war, bekam ich meine sichere Zwei. Meistens mit dem Hinweis: "Du hättest eine Eins verdient, aber du weißt ja warum ..."
Später im Kinderheim sind wir in den Sommerferien tatsächlich verreist. An einen See oder in eine Wanderhütte. Ich habe danach trotzdem über meine *Auslandsaufenthalte* berichtet; und auch in der neuen Schule meine gute Note bekommen.

Ich stupse ganz vorsichtig gegen den Stein. Leider schaffe

ich es kein einziges Mal, die gleichen Bilder zweimal zu erhalten. Jedes Mal wenn ich den Diamant minimal berühre, ändert sich die Szenerie komplett. Renita wird ihre wahre Freude haben. Wer weiß? Vielleicht beißt sie sich das erste Mal die Zähne aus? Ich überlege, wer mir noch einfällt, aber sie ist einfach die Beste! Irgendwann gebe ich genervt auf und schaue aufs Handy. Mia scheint noch nicht bei Renita angekommen zu sein, sonst hätte sie sich bestimmt kurz gemeldet. Oder sie hat Renita nicht angetroffen und ist auf dem Rückweg?
Ich schaue mich um, dann laufe ich hinter die Theke zum Kühlschrank, öffne ihn und nehme die Reste heraus, die vom Frühstück übrig sind. Die kredenze ich um den Whirlpool herum und schalte ihn ein. Doch bevor ich mich ausziehe und hineinsteige, rufe ich noch schnell Mia an. Ich will wissen, wo sie bleibt und ob sie alleine oder mit Renita zurückkommt. Mit unserem winzigen Geheimhandy, von dem nur wir beide wissen, wähle ich ihre Nummer. Das Handy ist uralt und hat keinen Internetzugang, aber das ist ja das Geniale. Ich warte ... Sie geht nicht ran.

Der Diamant nervt mich! Alles, was angezeigt wird, sind

Zufallstreffer. Man müsste den ganzen Kram sortieren und der Reihe nach dokumentieren – aber nee! Renita soll sich darum kümmern. Ich starre auf den Stein, überlege kurz, ob ich ihn offen liegenlassen kann, entscheide mich dagegen. Am Ende spaziert doch jemand vom Personal herein, fasst ihn an und die Kacke ist am Dampfen. Nee, das riskiere ich nicht. Ich öffne eine Besteckschublade, schiebe den Diamant unter die Esslöffel, mache zu. Nee, denke ich sofort, da ist er nicht sicher! Aber wohin mit dem Ding? Schließlich gehe ich raus und fische das Badekissen aus dem Pool. Unter einem der Saugnäpfe befestige ich den Stein und werfe es zurück ins Becken.

## Mia, meine Mia!

Abends gegen elf schaue ich das letzte Mal auf beide Mobiltelefone. Nichts! Ich wähle Mias Nummer, warte ... Entweder sie steckt noch mitten im Verkehr und kann nicht rangehen, oder irgendetwas ging schief. Verflixt!

Eine halbe Stunde werde ich warten, dann probiere ich es nochmal! Bis dahin nutze ich die Zeit. Ich latsche in Rays Zimmer, schaue mich um, öffne die Schubladen und Schränke, finde nichts Ungewöhnliches. Also gehe ich zurück ins Wohnzimmer, schalte den Whirlpool aus, stelle das Geschirr in den Aufzug und drücke den unteren Button. Dann lege ich mich auf die Couch - nur für zehn Minuten.

Nach zwei Stunden wache ich plötzlich auf, weil ich ein klickendes Geräusch höre. Ich erstarre für einen Moment. Mein Kopf brummt, als hätte ich die Flasche Whisky geleert. Autsch! Ich versuche, mich zu entspannen und zu erspüren, ob das Geräusch aus meinem Traum stammt? Ja - wahrscheinlich. Wenn es Mia wäre, hätte sie sicher meinen Namen gerufen. Andererseits – mitten in der Nacht? Ich grinse, wollte doch nur ein paar Minuten ausruhen. Na ja, kann ja mal passieren. Vorsichtshalber rufe ich: "Mia?" Keine Antwort! Okay, nur geträumt ... Ich drehe mich nochmal um. Mir ist schweineheiß; auch ohne Decke. Also setze ich mich auf und schaue nach der Fernbedienung für die Klimaanlage. Sie liegt auf dem Tisch. Ich beuge mich vor, greife danach und schalte auf volle Pulle. Dabei denke ich an Mia und Renita. Wieso sind die noch nicht hier? Mir ist klar, dass sich die beiden schon länger nicht gesehen haben. Ich male mir aus, wie sie, die Nasen sogar außen mit Koks bestäubt, in einer knallbunten Diskothek auf der Tanzfläche ausflippen; sich gegenseitig zuprosten, die attraktiven Bodys hin- und herschwingen. Dass Mia eine Pause braucht, habe ich ihr angesehen – aber ich finde, sie hätte wenigstens Bescheid sagen können. Na ja – Women are so stupid! Genau, das werde ich ihr sagen, wenn sie auftaucht. Und sie wird lachen – meine Mia Miau!

Als ich das nächste Mal wach werde, ist es schon fast elf Uhr Mittag. Voll verpennt! Meine Glieder schmerzen, gleichzeitig fühlt es sich an, als habe ich Muskelkater und mein Mund ist total trocken. Irgend etwas stimmt nicht mit mir, aber zum Kranksein fehlt mir die Zeit. Also quäle ich mich hoch, und wähle Mias Nummer. Nichts! Ich mache mir ehrlich gesagt Sorgen. Aber die schiebe ich weg und rufe bei Renita an. Hoffentlich geht die wenigstens ran! Im *besten* Fall liegen die zwei besoffen im Bett und kriegen nichts mit.
Im schlechtesten Fall? Ich schlucke nervös, unterbreche

den Vorgang und wähle nochmal.

Puh, zum Glück, hebt Renita ab.
"Hey Joe? Du? Habe ja schon eine kleine Ewigkeit nichts von dir gehört. Geht's dir gut? Und was macht Mia? Ich vermisse euch! Hey, was gibt's? Ich bin ehrlich gesagt hundemüde. Hab die ganze Nacht am Rechner gesessen und wollte gerade ins Bett. Egal, schieß los!"
Mir rutscht das Telefon aus der Hand. Ich bücke mich rasch und verfehle es. Die fette Billardkugel in meinem Kopf rollt nach vorne. Ich sinke auf dem Teppich nieder, und greife nach dem Handy. "Ähm ..."
"Hä? Du bist doch sonst nicht auf den Mund gefallen Joe. Sag! Aha! Ihr habt nen tricky Job für mich, stimmt's? Hey Joe, dann rufe ich dich in ein paar Stunden zurück, ja? Sei nicht böse ..."
Fuck! Ich überlege kurz, ob ich sie nach Mia frage, aber das hat ja null Sinn. Also sage ich: "Jap Renita, ich wollte mich halt mal melden. Hören wie es dir geht und so."
"Mehr nicht? Echt?" Sie lacht.
"He", erwidere ich, "was denkst du denn von mir?"
"Dass du dich meldest, wenn es um einen Auftrag geht? He Joe, das passt schon! Mache ich ja meistens gerne.

Was ist denn jetzt mit Mia? Ist sie bei dir? Und seid ihr jetzt endlich ein Paar oder wie lange soll das noch dauern?"
"Ähm ..."
"Okay Joe, lass uns später quatschen. Sag ihr schöne Grüße und bis dann, ja?"
"Jap ... Bis dann!"

Mein Gesicht ist bestimmt knallrot. Schweißperlen rinnen mir über die Nase, den Rücken und die Brust. Scheiß Klimaanlage! Die taugt nichts! Und das in so einem noblen Klotz! Ich reiße mir das Hemd vom Leib, pfeffere es auf den Sessel und wähle Heiners Nummer. Hoffentlich startet oder landet er nicht gerade! Ich hoffe inständig, dass Mia nichts passiert ist. Aber das komische Gefühl im Bauch will nicht weichen; frisst sich von innen nach außen durch. Ich muss vernünftig sein. Jetzt nicht rumheulen, sondern das Richtige tun. Tränen mischen sich in die Schweißperlen. Ich beuge mich rüber, schnappe mein Hemd und reibe mir damit übers Gesicht. Meine Pumpe hämmert wie verrückt. Sollte mich je eine Herzattacke dahinraffen, dann bestimmt in so einer Situation.

Vor meinem geistigen Auge zieht meine Schwester vorüber. Engelsgleich schwebt sie weit oben am Horizont. Sie ist die Nächste, die stirbt. Nicht Mia! Ich schaue genauer hin und sehe, wie meine Schwester Mia an der Hand durch die Luft zieht. Mia winkt mir lachend zu. Sie sieht erleichtert aus. So als sei alle Last von ihr abgefallen. Ich haue mir auf die Stirn, lege das Telefon weg, stehe auf und gieße einen Schluck Whisky ins Glas. Daran rieche ich und stelle es ab, ohne zu trinken. Ich brauche Kaffee! Literweise! Immerhin will ich wach bleiben, bis Mia wieder da ist!

Ich könnte bei ihren Eltern nachfragen, ob sie sich dort gemeldet hat. Andererseits? Falls nicht, dann machen sie sich Sorgen. Hoffentlich zu Unrecht! Nein, das riskiere ich nicht. Daher wähle ich die Nummer von Mister Ray. Er geht nicht ran! Fuck!
Als nächstes rufe ich unten an und bestelle zwei Liter Kaffee und ein kleines Frühstück – by lift. Mein Magen knurrt, aber ich habe null Appetit. Nur Mia zuliebe, werde ich etwas essen, damit ich stark bin, sie finde, verteidige, befreie, rette ... Und heirate

## Unvorsichtiger Joe

Bin gespannt, wann Heiner endlich auftaucht! Ich strolche durch Mias Zimmer, hoffe, irgendetwas zu entdecken. Einen Hinweis! Ein Zeichen! Eine Nachricht! Alles nur keinen Abschiedsbrief ... Quatsch! Weswegen? Unsinnigerweise wäge ich kurz ab, was schlimmer wäre: Sie hat mich verlassen oder sie ist ..? "Tot", murmele ich und fahre mir übers Gesicht.
Ihre Eltern würden mich auf direktem Weg in die Hölle schicken. Sie mögen mich nicht! Weil sie den Beruf von Anfang an für zu gefährlich hielten. Warum nicht Kleinanzeigen aufnehmen oder so? Das wäre ihnen lieber gewesen. Aber ich habe Mia ja nicht gezwungen. Sie hat es ausprobiert und war super! That's it! Fuck!

Ich dusche. Dann kippe ich Kaffee in mich hinein, umrunde den Whirlpool und denke nach. Wenigstens Ray könnte sich melden – aber nix! Ob ich in seinem Zimmer etwas übersehen habe? Da schaue ich später nochmal nach! Verflixte Hacke! So ein blöder Scheiß! Mia!!! Ich überlege fieberhaft, was ich tun könnte, wo ich nach ihr suchen werde. Wie weit ist sie gekommen? Bis zum Flughafen? Oder hat man sie vorher abgefischt? Der Taxifahrer! *Den* muss ich finden! Hat sie es überhaupt aus dem Hotel geschafft?

Heiner geht endlich ran und fragt: "Hä? Wieso wird denn keine Nummer angezeigt Bist du das Joe?"
"Jap!" Bis ich mehr weiß, benutze ich das Geheimhandy – ohne Internetzugang – vorsichtshalber! Die Durchsagen und der Lärm im Hintergrund verraten, dass er wenigstens in New York ist und nicht in Hamburg.
"Ja und? Was is?", sagt er schlecht gelaunt. Er klingt gestresst. Hat wahrscheinlich Geld gespart und ist in der Holzklasse geflogen. Dieser Geizhals! Egal – immerhin ist er bald da.
"He Joe!", sagt er. "Ich kann hier noch nicht weg! Hier läuft ein Hammerfilm! Das muss ich unbedingt

mitnehmen! Warte kurz! Ich mache schnell noch ein paar Fotos – bevor abgeräumt wird. Moment!"
*Abräumen* nennt Heiner die Tatortreinigung. Ich denke an Mia, aber sie kann es nicht sein. Das wäre ihm ja aufgefallen. Es sei denn ... Ihr Leichnam ist so unkenntlich ... Fuck! Ich haue mir an die Stirn und sage schnell: "Nee Heiner, warte! Es ist ..." *Wichtig* wollte ich sagen, aber er ist voll in Aktion. Ich höre ihn Fragen stellen. Nicht nur ihn. Um ihn herum ist richtig was los. Alle brüllen durcheinander, und ich verstehe nur einzelne Worte. Pilot ... Men in black ... Gunfight ... Police ... Eine hysterische Frauenstimme übertönt alle. Sie schreit: "Juliuuus!!!"

Ich brülle ins Telefon: "Heiner! Los! Geh ran! Los Heiner! Fuck!" Es dauert ...
"Warte mal!", schreit er endlich ins Telefon. "Hier geht's richtig ab und die Polizei schiebt uns zur Seite. Ich muss ihnen schnell sagen, dass ich zur Presse ... He, ich ruf dich gleich wieder an!"
Blitzschnell und irre laut brülle ich: "Haaalt!", und atme durch – er ist noch dran. "Heiner!", sage ich. "Das hat was mit uns zu tun! Hey, sag mir schnell was passiert ist. Los!

Es ist verdammt wichtig!" Ich bekomme mit, wie er sich aus dem Geschehen entfernt und frage nochmal: "Welcher Julius, Heiner? Du musst den Nachnamen herausfinden! Hörst du? Das ist *Julius von Stern!* Oder? Los! Frag nach!"
"Spinnst du?", erwidert er. "Du denkst, ich marschiere am New Yorker Flughafen zur Polizei und frage, ob die Leiche Julius von Stern heißt? Bist wohl plemplem! Die buchten mich ein!"
"Dann schau, wie du es sonst in Erfahrung bringst! Lass dir was einfallen! Frag irgendjemanden dort ... Die Frau, die seinen Namen gerufen hat oder was weiß ich wen!"
"Ja, mache ich eh! Sonst noch was?"
"Beschreibe mir kurz, was du siehst oder gesehen hast!"
"Mann in Pilotenuniform erschossen am Boden liegend. Das isses!"
"In Uniform?" Ray behauptete, dass er nicht mehr fliegt. Am Ende ist es doch nicht von Stern? Und falls doch? Ich sage unsicher: "Heiner, wenn das *von Stern* ist, dann hat er unsere Luzi! Schau ob sie dort liegt und ob du sie an dich nehmen kannst! Es ist verdammt wichtig!"
"Hast du ne Meise? Du denkst ich beklaue einen Toten – umzingelt von der Polizei? Forget it! Und wer nimmt

überhaupt noch mit so einer altmodischen Gurke auf, hä?" "Hör mal Heiner, das Teil war gerade in Reparatur – es funktioniert hervorragend! Gut", sage ich ungeduldig, "falls mir etwas passiert, dann schnappe dir mein Handy! Okay?"
Er witzelt: "Hab ich selber! Ein *modernes* Handy!"

Ich denke kurz nach und sage geknickt: "Hey Heiner, Miriam ist verschwunden!" Ein winziger Hoffnungsschimmer keimt in mir auf. "Hat sie sich bei Dir gemeldet? Sag!"
"Habt ihr euch gestritten?", fragt er süffisant.
"Wir? Quatsch! Nee, es hat mit der Story zu tun!"
"Welche Story genau? Warum lockst du mich nach New York und kaum verlasse ich den Flieger, stolpere ich über eine Leiche, die du wahrscheinlich kennst. Und dann ist auch noch die Anton weg! Wo reitet ihr mich da rein? Hä?"
"Ihr ist gut ... Mach hinne Heiner. Halte dich dort nicht unnötig auf. Checke den Namen, wenn du Mumm hast, schau nach unserer Luzi und komm her!"
"Manchmal frage ich mich, wer hier eigentlich der Chef ist?"

Darauf gehe ich nicht ein. Er will, dass ich ihm Honig um den nicht vorhandenen Bart schmiere. Ich bin ihm nicht böse. Er weiß ja noch nicht, was ihn erwartet. Bin ja schon froh, dass er überhaupt in den Flieger gestiegen ist. Du meine Güte – wenn ich ihm gesagt hätte, dass im Cockpit vielleicht kein Pilot sitzt!

"He Heiner ... Kannst du dich noch an unser erstes Firmenwichteln erinnern?"

"Es war unser letztes – weil ihr es blöd fandet!", sagt er beleidigt.

"Oh, stimmt! Jau ... Weißt du noch, was du bekommen hast?"

"War es das Badekissen für den Pool?"

"Das hat doch zufällig gepasst! War dein Bonzenbecken nicht gerade fertig geworden?"

"Hey Joe, verarscht du mich?"

"Nee sorry. Ich bin wahrscheinlich durcheinander – wegen Miriam. Ach und weißt du noch, was deine Frau bekommen hat? Hm? Sag!"

"Rosafarbene Gummihandschuhe!", sagt er vorwurfsvoll. Als ob seine Maus putzen würde, ha!

"Hat sie die je angehabt?", frage ich und schiebe schnell hinterher: "Sorry, ich bin echt total durch den Wind –

wegen Mia!"
"Dann frag doch mal bei ihren Eltern nach. Vielleicht wissen die was? Nee Joe, da mische ich mich echt nicht ein. Ihr bekommt das schon wieder hin! Bis dann!"

Heiner hat keinen blassen Schimmer, worauf er sich eingelassen hat! Ich habe mich nicht getraut, am Telefon konkret zu werden. Um ihn zu schützen. Ihn? Fuck! Wo ist Mia? Ich wähle nochmal ihre Nummer – nichts!
Es hat ja keinen Sinn! Ich muss ihre Eltern fragen! Bleibt mir gar nichts anderes übrig! Die rollende Kugel in meinem Kopf macht mich fertig! Ich schlurfe zum Wasserhahn, hänge mich drunter und trinke. Was tun?
Ich könnte mich vom Acker machen! Von Stern ist tot – wahrscheinlich. Mia ist weg – ziemlich sicher. Und Heiner hofft lediglich, ein paar Honorare einzusparen – falls ich nicht liefere. Was geht mich Rays Geschichte an? Ich versaue Millionen den wohlverdienten Urlaub! Alle werden mich dafür hassen! Wen interessiert schon die Wahrheit? Niemanden! Fuck! Mit Mia zusammen würde ich es sicher durchziehen. Ohne sie? Fuck!

Ein Blick auf die Uhr. Ich überschlage schnell, wie spät es

in Deutschland ist. Eh egal! Um bei Mias Eltern anzurufen, ist nie die richtige Zeit. Bin schon froh, wenn sie nicht gleich auflegen. Jetzt gilt es! Ich atme tief durch, klopfe meine Arme und Beine wach, greife nach dem Handy, lege es wieder hin und nehme es erneut in die Hand. Soll ich? Wirklich? Was ist, wenn sie total ausflippen? Andererseits? Was ist, wenn Mia seelenruhig in ihrem alten Zimmer abhängt? Ausspannt? Sich erholt? Okay – ohne mir Bescheid zu sagen. Hm ... Nein, das würde sie nicht tun – meine Mia Miau. Auf sie ist Verlass! Ich will die Hoffnung nicht aufgeben! Also gehe ich in mein Telefonverzeichnis und klicke auf die Antons. In der Verlaufsliste wird mir angezeigt, dass wir das letzte Mal vor über einem Jahr miteinander gesprochen haben.

"Wer?", fragt Mias Mama mit verweinter Stimme.
Ich schlucke und wiederhole: "Hier ist Joe ..."
Sie schreit ins Telefon: "Du traust dich? Duuu? Das ist alles nur wegen dir passiert? Hörst du? Du Irrer! Kein Mensch braucht euren blöden Investigativjournalismus! Der richtet nur Schaden an!" Ihre Stimme kippt. Sie schluchzt so herzerweichend, dass ich sie trösten möchte, obwohl ich nicht mal weiß, was passiert ist. Kein guter

Tag, denke ich und gleich frage ich auch noch, wo Mia ist ... Ich höre im Hintergrund den Vater heraneilen. Er ruft: "Gib ihm mir! Gib her! Dieser Scheißkerl! Hat unsere Tochter auf dem Gewissen! Gib her!"
Ich höre, wie die beiden sich um das Telefon rangeln. *Hat unsere Tochter auf dem Gewissen*, hallt es in meinen Ohren nach. Ich bin nicht sicher, wie er das meint – weil er das schon öfter gesagt hat. Okay – geschrien. Und *was* ist alles nur wegen mir passiert? Das Übliche? Mia kommt nicht, wie früher als Schülerin nach Hause, berichtet fröhlich, wie ihr Tag war? Nee, scheiße! Ich spüre, dass ihre Mutter echt verzweifelt ist. Also sage ich ganz ruhig, regelrecht sachlich: "Was ist passiert? Hat sich Mia bei Ihnen gemeldet?"
Ich höre, wie sie den Mund öffnet und stockend Luft holt. Dann schreit sie Silbe für Silbe ins Telefon: "Mia ist tot! Kapierst du? Sie lebt nicht mehr! Und du bist schuld! Du ..."
"Arschloch!!!", brüllt ihr Mann und legt auf.

Mir rutscht der Boden unter den Füßen weg. Eine tiefe Schlucht tut sich vor mir auf – mitten durch den Wolkentisch, der in zwei Teile bricht und krachend nach

außen kippt. Ich will nicht glauben, was Mias Eltern geschrien haben ...
In dem Moment höre ich die Türe. Aber nicht die Eingangstüre, sondern eine im hinteren Bereich. Hä? Kann nicht sein! Ist Ray doch hier? Oder ... Mia? Ihre Eltern müssen sich getäuscht haben! Was denn sonst? Total bescheuert, vielmehr verzweifelt, rufe ich: "Mia? Bist du das?" In dem Augenblick fällt mir das klickende Geräusch ein, von dem ich aufgewacht bin. Das Geräusch aus meinem Traum! Oder? Ich hätte alle Räume checken müssen! Das habe ich nicht gemacht. Ich Idiot! Jeder der den Code kennt, kann seelenruhig hereinspazieren. Fuck!
Ich schnappe meine Handys, rutsche geduckt vom Sofa, stolpere rückwärts zur offenen Balkontüre und starre auf die Mobiltelefone in meinen Händen. Wieso um alles in der Welt habe ich keine Waffe? Wahrscheinlich bin ich sogar der Einzige, der in New York keine hat? Andererseits? Wer hätte schon mit so einer krassen Story gerechnet? Regierungen aller Länder einigen sich, täuschen ihr Volk, um Geld zu sparen und die Umwelt zu schonen ... Was ist mit Nordkorea? Die machen wohl nicht mit? Meine Hände zittern. Ich spüre und höre das Pochen in den Schläfen, versuche mich zu beruhigen, mir

einzureden, dass ich ein bisschen empfindlich bin.

Sicher hätte ich mich verstecken können, oder flüchten – wenn ich gewusst hätte, dass jemand eingebrochen ist. Mit weit aufgerissenen Augen schaue ich mich um und schleiche auf Socken weiter rückwärts. Ich drehe den Kopf und stelle fest, dass es um den Pool herum kein Versteck gibt. Kann ich noch zurück in die Wohnung? Schaffe ich es bis zur Türe, wenn ich irre schnell renne? Ich drehe den Kopf zurück und erstarre. Im Eingang stehen zwei schwarzgekleidete Männer. Einer davon bewaffnet! Ihre Schuhe sind in Folie eingewickelt, die Haare, so vorhanden, stecken unter Hüten. Ihr Grinsen irritiert mich mehr als die Kanone. Ich schiebe die beiden Mobiltelefone nach vorne und sage so cool ich kann: "Da ich keine Badetücher auf den Liegen vorfand, nahm ich an sie seien frei!"
Die zwei grinsen noch breiter, scheinen wenigstens Humor zu haben. Das ist keine schlechte Verhandlungsbasis, denke ich, doch dann fallen mir Ray und Mia ein. Die Herren in Black verstehen vielleicht Spaß, aber ...
"Schnapp ihn dir!", befiehlt der Große dem Kleineren.

Der rennt los! Direkt auf mich zu. Hebt kurz vor mir ab und rammt mich im Flug mit seinem Kopf in die Mitte, so dass ich rücklings in den Pool stürze. Er auf mich drauf. Dabei stoße ich mir am Geländer den Kopf und den Ellenbogen und tauche unter. Will mich wegdrehen und losschwimmen – aber wohin?

Ich tauche kurz auf, hole Luft, als mich der andere mit seiner riesigen Hand am Kragen packt und nach oben zieht. Sein Gesicht ist dicht vor meinem. Er sagt zischend: "Den Stein!"
Ich frage verdattert: "Welchen Stein?"
Er taucht mich unter, presst die Hand auf meine Schulter. Scheiße, wo ist der andere? Zur gleichen Zeit fällt mir Rays Satz ein: "Dann wird eben mal jemand vom Hai gefressen ..." Mir geht langsam die Luft aus. Miaaa!!! Ich sehe ihre weinende Mutter und höre ihren Vater, wie er ins Telefon brüllt: "Arschloooch!"
Der Typ hockt am Beckenrand und zieht mich wieder hoch. Sein Kollege trampelt hinter ihm auf den Fliesen herum, klopft auf seinen patschnassen Anzug und schimpft. "Alles nass! Los mach ihn kalt! Wir finden den Stein! Mach schon!"

Meine Arme schießen aus dem Wasser. Ich schnappe nach Luft und greife blitzschnell nach den Händen, die mich wie Schraubstöcke umklammern; und wieder nach unten drücken ...

Hilft es, wenn ich mich tot stelle? So tue als ... Plötzlich sehe ich einen Delfin auf mich zuschwimmen – mit weit geöffnetem Maul. Bevor er mich erreicht, schließt er es, stupst mich an und schiebt mich nach oben. Dort packt mich eine Krähe am Kragen, zieht mich aus dem Wasser und fliegt mit mir gen Horizont direkt in die einzige Wolke hinein. Rings herum erkenne ich tausende Grautöne, die ich vorher nie als eigene Farben wahrgenommen habe: Graugrün, graublau, grauorange, graurot, graurosa, graugelb, grauviolett ...
Ich ringe nach Luft, spüre, wie mir Wasser die Kehle hinunterfließt und die Nase verstopft.
Die Krähe lässt mich fallen und krächzt: "Deine Erde ist weg!".
Ich schreie gurgelnd: "Stopp! Lüge! Stimmt doch gar nicht!", aber kein hörbarer Laut verlässt meine Lippen. Dafür spüre ich, dass mich die Krähe wieder am Kragen packt und weiterfliegt.

Luft!
Erst als wir die Wolke hinter uns lassen, kann ich endlich wieder atmen. Eine zweite Krähe erscheint. Sie trägt Mia im Schnabel und fliegt neben mir her. Mia reicht mir lachend die Hand. Ich greife danach. Daneben!
Sie strahlt mich an und ruft ausgelassen: "Probier's nochmal!"

## Heiner Naht

Der spinnt doch, dieser komische Kauz von Joe! Bringt mich in Teufels Küche und checkt es nicht mal! *Oder soll ich mich an die Konkurrenz wenden?* – geht es mir durch den Kopf. Er weiß genau, was er an mir hat! Hab ihm schon tausend Mal ne Chance gegeben, wenn alle anderen sich ins Hemd gemacht haben. Okay, hat sich auch meistens gelohnt.
Mit der Anton zusammen wurde er noch übermütiger - und erfolgreicher. Dieser Chaot!

Ich stecke das Handy ein und kämpfe mich durch die Menschentraube. Will wenigstens nochmal einen Blick auf diesen angeblichen Julius von Stern werfen. "Sorry! ... Please let me pass ... Press ... Yes, Journalist ... Germany ..."

Ich quetsche mich durch, bis ich in der ersten Reihe stehe und suche den Boden ab; nach der doofen Luzi. Joe kann mich mal! Trotzdem umrunde ich den Schauplatz und zucke zusammen, als ich die herausspitzende Ecke der Luzi unter der Schulter des Toten entdecke. Ist es wirklich *das* Gerät? Mist, dass ich es nicht ganz sehe. Ich kann ja nicht hin, es hervorziehen und nachschauen! Dennoch: Joe ist es wichtig. Das heißt, dass da etwas interessantes drauf ist – hoffe ich jedenfalls! Andererseits - Oh Mann! Ich kotze! Okay, was kann ich tun?
Schließlich bin ich frech, mache einen auf naiv, tippe einen Polizisten an, zeige auf den ollen DAT-Recorder und sage mit meinem guten Wortschatz, aber miesen Akzent: "Das ist meines!"
Er schaut mich überrascht an, mustert mich von oben bis unten.
Ich sage unbeeindruckt: "Kann ich es bitte wiederhaben?"

Der Polizist winkt einen Weiteren heran und fragt: "Wie ist es dorthingekommen? Haben Sie genau gesehen, was passiert ist?"
Ich schlucke, antworte: "Es ging alles so schnell. Ich wurde geschubbst, dabei ist mir das Gerät heruntergefallen und davongeschlittert."
"Unter die Leiche?", fragt der andere Polizist.
"Ich sag ja, es ging alles sehr schnell. Ich bin von der Presse – eben erst angekommen." Es liegt ja nicht ganz drunter, sonst könnte man es ja nicht sehen. Hoffentlich drehen die mir jetzt keinen Strick daraus!

"Okay please follow him!", sagt der Ranghöhere zu mir und wendet sich ab. Ich schaue meinen Begleiter erstaunt an und frage nochmal: "Können wir das Aufnahmegerät mitnehmen?"
Er verneint, erwidert: "Wird uns nach dem Sichern und Dokumentieren gebracht – vielleicht. Kommen Sie!"
Erhobenen Hauptes folge ich ihm, so als gehöre ich dazu. Nicht, dass die anwesenden Journalisten Fotos machen und ich mich morgen auf den Titelseiten wiederfinde.
Ich verstehe ohnehin nicht, wer sich einen Flughafen für einen Mord aussucht. Das ist doch total crazy! Überall

hängen Kameras. Weit kann der Täter nicht gekommen sein. Ob er es aus dem Flughafengebäude hinausgeschafft hat? Oder er ist noch hier? Beobachtet, was passiert und denkt, er kommt davon? Dabei kann es sich nur um einen Irren handeln. Total durchgeknallt! Oder um ein gigantisches Ding? Jemand fühlt sich so sicher, dass er ausgerechnet hier zuschlägt? Falls ja, soll das eine Warnung sein. Aber an wen? Was ist das für eine mega Sache, wegen der ich extra hergekommen bin? Danke Joe! Danke Anton!

Wir eilen durch lange, breite Gänge und betreten ein kahles fensterloses Büro. Zwei Leute von der Flughafenpolizei warten bereits. Ich darf mich immerhin setzen und bekomme sogar einen Becher Kaffee rübergeschoben.

"Passport and Ticket please!" Mein Gegenüber streckt mir die geöffnete Hand entgegen.

Ich krame in meiner Jackentasche und reiche ihm die Dokumente.

Er studiert sie, telefoniert kurz, gibt sie mir zurück. "Was machen Sie in New York?"

"Ich besuche Freunde. Ein deutsches Pärchen. Sie

arbeiten für mich."
"Freunde oder Angestellte? Was jetzt?"
"Beides! Sie sind freie Mitarbeiter."
"Free Dobbys?" Er grinst.
"Sozusagen!", bestätige ich. Habe alle Harry-Potter-Bände gelesen und auf die Art mein Englisch verbessert.
"Ihr Beruf?"
"Ich bin Verleger einer angesehenen Tageszeitung. Meine Dobbys sind Journalisten, die lediglich ein paar Tage Freizeit hier verbringen. Kennen Sie die HH-Post? Sie ist sogar hier erhältlich!"
Meine Befrager setzen und stellen sich aufrecht hin und nicken anerkennend. Einer fragt, ob ich noch Kaffee haben möchte. Den nehme ich dankbar an. Wer weiß, wie lange das hier noch dauert? Mann Joe!!!

Ich entscheide mich für die Flucht nach vorne und frage unschuldig: "Wer ist das Opfer? Wie heißt der Mann? Ist er wirklich Pilot?"
Die drei lächeln mich überlegen an, einer sagt: "Sie glauben nicht ernsthaft, dass der Fall in der deutschen Presse zuerst erscheint?"
"Natürlich nicht!", sage ich und probiere es nochmal.

"Mich interessiert ja nur, warum der Mord ausgerechnet am Flughafen passiert ist. Das ist doch sehr ungewöhnlich!"
"Wissen Sie, da müssen Sie sich schon bis zur Pressekonferenz gedulden – wie alle!"
"Wo findet die statt? Kann ich ...?"
In dem Moment klingelt das Telefon des Polizisten, der mich herbegleitet hat. Er geht ran, antwortet in kurzen Sätzen, legt auf und sagt: "Wir müssen Sie nun mitnehmen! Bitte kommen Sie!"
Ich schaue ihn überrascht an und frage: "Weshalb?"
Er zuckt mit den Schultern und erwidert: "Keine Sorge! Es ist wahrscheinlich nur für ein paar Stunden; bis der Sachverhalt geklärt ist."
"Und was ist mit der Pressekonferenz? Bin ich bis dahin wieder auf freiem Fuß?"

Ich dachte, sie kutschieren mich nun quer durch New York, stattdessen haben sie mich direkt in eine Zelle am Flughafen einquartiert. Und da hocke ich nun und darf nicht mal telefonieren! Danke Joe! Draußen ist es wahrscheinlich schweineheiß und ich friere mir hier regelrecht den Hintern ab. Die Kühle der Stahlpritsche, auf der ich sitze, nervt mich mehr, als die Härte und dass ich darauf herumrutsche, keinen bequemen Halt finde. Ich starre auf meine Socken. Bin eingeschnappt, weil ich die Schuhe abgeben musste, obgleich es doch gereicht hätte, nur die Schnürsenkel herauszuziehen, nicht? Wer hängt sich denn an sowas auf? Geht das überhaupt? Mein Blick wandert über den Heizkörper. Von dort aus nach oben zu einem sehr schmalen Fenster, welches natürlich viel zu hoch angebracht ist, als dass ich hinausschauen könnte. Keine Skyline in New York – zumindest für mich nicht. Könnte längst im Palast Planet sein, mich von vorne bis hinten bedienen lassen, aber nee! Stattdessen hocke ich auf der kalten Pritsche und habe sonst nichts weiter, als ein winziges Waschbecken und die Stahltoilette. Ohne Klopapier!

Ich stehe auf, reibe mir über den Hintern und hocke mich auf den Linoleumboden, lehne mich an die Wand. Hier ist es etwas wärmer. Meine Augen scannen den Raum. *Welcome in the USA*, hat einer an die Wand gekritzelt. Ein Deutscher vielleicht? Es heißt to – nicht in! Gleich darunter ist ein am Galgen hängendes Männchen eingeritzt. Wer weiß, wer hier schon alles gesessen hat?

Schmuggler, Diebe, Wirtschaftskriminelle? Der Mörder von diesem Julius sollte hier sitzen – nicht ich! Ob sie den in der Zwischenzeit gefasst haben? Hoffentlich kommt der nicht in *meine* Zelle!

## Angenehmen Aufenthalt!

Okay, was genau hat Joe am Telefon gesagt? Dass ihre Story etwas mit dem Mord zu tun hat? Das ist starker Tobak! Und dass Mia verschwunden sei. Das ist noch stärkerer Tobak! Will hoffen, dass sie in der Zwischenzeit wieder aufgetaucht ist! Ich überlege fieberhaft, worüber wir noch gesprochen haben. Weihnachtswichteln – sehr witzig! Jetzt im Juli sind wir meilenweit von Weihnachten entfernt. Trotzdem – über mein Badekissen hat sich meine Frau tatsächlich gefreut – jedenfalls mehr als über ihre Gummihandschuhe. Ich schweife ab. Darüber haben wir zwar geredet, bzw. Joe, aber was hat das alles mit der

Situation zu tun? Ich gehe gedanklich einen Tag zurück. Was hat dieser Chaot gesagt, als er mich herzitierte? *Die ultimative Story unseres Lebens* und so ... Er sprach vom größten Skandal aller Zeiten. Was soll das sein? Mir fallen jede Menge Skandale ein, die man als solches bezeichnen könnte.

Aber gut ... Zurück zu diesem Julius von Stern. So er es überhaupt ist – oder war. Ich überlege, ob ich je gehört oder gelesen habe, dass ein Pilot am Flughafen erschossen wurde? Mitten in der Ankunftshalle? Mir fällt nichts Vergleichbares ein. Joe hätte wirklich konkreter werden sollen! Quatsch! *Ich* hätte nachfragen *müssen!* Dann hätte ich jetzt wenigstens einen Hinweis. Okay, vielleicht rückt seine Luzi etwas heraus – so ich sie überhaupt bekomme. Und dann hat er noch was von seinem Mobiltelefon gefaselt. Entweder er hat eines mit mehreren SIM-Karten oder er hat zwei? Hat er mir nie gesagt, dieser Spinner! Kann froh sein, dass ich überhaupt ran gegangen bin!

Ich kenne mich mit dem amerikanischen Rechtssystem nicht aus. Wie lange dürfen die mich festhalten? Wann darf ich telefonieren? Verständigen sie jemanden von der

Botschaft? Dauert es deswegen so lange?
Ich nicke weg und schrecke hoch, als die Türe geöffnet wird. Zwei Polizisten fordern mich auf, ihnen zu folgen. Ich deute auf meine Socken, schaue sie fragend an. Der braungebrannte sagt: "Kein Problem, die Schuhe bekommen Sie gleich zurück!" Er lächelt freundlich.
Heißt das, ich darf gehen?

Zurück im Büro tauche ich unter dem Tisch ab, binde meine Schnürsenkel und überlege, wie ich an den Namen des Opfers komme. Die Frau, welche *Julius* geschrien hatte, ist sicher längst über alle Berge. Und die Patrioten hier gönnen mir die Story nicht. Bin ja schon froh, dass sie mich gehen lassen. Mehr kann ich wohl nicht erwarten?
Ich tauche wieder auf und trinke einen Schluck Kaffee. Mein Gegenüber legt mir mein eigenes Mobiltelefon vor die Nase und fragt: "Mit wem haben Sie zuletzt telefoniert?"
"Bitte?", frage ich, um Zeit zu gewinnen. Ich schiebe den Becher hin und her, sage schließlich: "Ich glaube das war Joe ..."
"Nein", sagt der Polizist, "Das war gestern! Ich meine das

Gespräch ohne Nummer! Heute!"
"Äh, keine Ahnung. Sind Sie sicher?" Ich mache einen auf blöd – will einfach nur weg.
Aber der Polizist lässt sich nicht abspeisen und hakt nach.
"Das Gespräch dauerte mehrere Minuten!"
Ich gebe auf und antworte: "Das war ebenfalls Joe, nur mit einem anderen Mobiltelefon. Oder einer anderen SIM-Karte. Was weiß ich?"
"Und was wollte dieser Joe von Ihnen? Worüber haben Sie gesprochen?"
Ich zucke mit den Schultern, sage: "Er wollte mich abholen. Das war alles. Ich habe ihm gesagt, dass hier gerade ein Mord verübt wurde und dass ich ein paar Bilder mache und selber ins Hotel fahre." *Dieser Joe ...* Was soll das heißen?
"Ins Hotel? Sagten Sie nicht, Sie besuchen Freunde?"
"Genau!", bestätige ich. "Im Hotel!"
"Welches Hotel?"
"Palast Planet."
"Oh! Das ist eines der teuersten Häuser in der Stadt."
Ich frage unschuldig: "Wirklich? Ich war noch nicht dort!"

Die Stimmung ist hart an der Kippe. Wollen die mir etwas anhängen? Aber dann würden sie mich nicht gehen lassen, oder?
"Sind Sie ohne Gepäck gereist?"
"Ähm, ja. Ich wollte ja nur bis morgen bleiben."
"Ein Kurztrip in ein Luxushotel nach New York? Wow!"
Ich schlucke, erwidere: "Ich bin Verleger!"
Der Polizist klopft mit den Fingern auf den Tisch, wie ein Klavierspieler, der Trockenübungen macht und sagt: "Dachte man verdient mit Zeitungen nichts mehr. Ist das in Deutschland anders?" Er spielt auf den Entwicklungsunterschied an. Ja ja, gähn, die USA ist uns immer eine Nasenlänge voraus. Hier alles digital – bei uns alles noch analog. Pfeife! Aber ich will nicht streiten, sondern raus hier. Also frage ich nett lächelnd: "War's das? Kann ich jetzt gehen? Ach so, das Gerät ... Bekomme ich es zurück? Da sind wichtige Aufzeichnungen drauf!"
Mein Gegenüber zieht die Schublade auf, legt Luzi vor sich auf den Tisch und sagt: "Komisch! Wir haben keine Aufzeichnung gefunden. Scheint leer zu sein."
Mir klappt der Kiefer auf, obwohl ich keinen Schimmer habe, was auf dem Gerät gespeichert sein könnte – mache einen auf echauffiert. "Da muss aber ..." Okay, wieder die

Flucht nach vorne. "Haben Sie die Aufnahme etwa gelöscht?", frage ich brüskiert. "Wissen Sie, was das bedeutet?"
Der Polizist hebt unschuldig die Hände und sagt: "Wir? Nein, wir haben natürlich nichts gelöscht. Was denken Sie denn von der New Yorker Polizei?"
Das könnt ihr morgen in der Zeitung lesen, hätte ich am liebsten gesagt. Stattdessen atme ich durch und strecke meinen Arm aus; ziehe Luzi zu mir und stecke sie ganz selbstverständlich in meine Jackentasche. Dabei sage ich versöhnlich: "Sie würden mir wirklich einen großen Gefallen erweisen, wenn Sie mir wenigstens den Namen des Opfers sagen ... Dann bin ich bestenfalls der Erste in Deutschland; der darüber berichtet. Ich versichere Ihnen, dass ich mit dem Artikel noch ein paar Stunden warte ... Und dass ich meine Informanten nicht preisgebe."
Die Herren schauen mich überrascht an.
Ich lehne mich zurück und schiebe hinterher: "Und auch nicht, dass man mich am Flughafen festgehalten hat – einfach so!" Keine Ahnung, ob ich gerade zu weit gehe.
Der braungebrannte Ranghöchste weist seinen Kollegen an, mich aus dem Gebäude zu begleiten, und wünscht mir eine Spur zu freundlich: " A pleasant stay!"

Im Taxi rufe ich bei meiner Redaktion an. Ich erzähle kurz von dem Flughafenmord und beauftrage einen meiner fähigsten Redakteure den Namen des Opfers herauszufinden und mir umgehend mitzuteilen. Er soll zuerst bei der New York Times nachfragen. Wir arbeiten öfter zusammen. Nur muss ich ja nicht als Verleger dort nachfragen. Das könnte ihre Aufmerksamkeit wecken und sie schnappen mir die Story weg, die hinter all dem steckt. Joe hätte mir ruhig schon im Vorfeld mehr verraten können. Aber nein! Er macht einen auf wichtig! Und ich bin auch noch so blöd, komme extra nach New York und werde direkt am Flughafen von der Polizei eingesammelt! Gnade ihm Gott, wenn die Story nicht hält, was er versprochen hat!

Wegen des Taxifahrers drehe ich die Lautstärke der *Luzi* runter und betrachte den ruhenden Pegel. Keine Hintergrundgeräusche und schon gar kein Interview oder irgendetwas. Okay, ich lasse sie komplett durchlaufen. Vielleicht kommt ja noch was? Scheiße, ich kenne mich mit den alten Gurken nicht aus; habe keine Ahnung, wie ich von einem Track zum Nächsten komme. Falls überhaupt was gespeichert ist. War nie etwas drauf? Kann ja nicht sein! Dann hätte Joe es nicht so dringlich gemacht. Oder war etwas Gigantisches drauf und die Polizei hat es gelöscht? Vielleicht nicht alles? Hoffentlich finde ich wenigstens ein winziges Fitzelchen! Nur einen Hinweis! Falls nicht, gebe ich das Gerät zuhause in unsere Spezialabteilung. Die Jungs und Mädels können das vielleicht wiederherstellen? Hope so!

## James und James

"Hey James?"
"Ja James!"
"Hab ich dir schon von meiner ersten Mordtat erzählt?"
"Yes – schon mindestens fünf Mal! He, da brauchst du nicht suchen. Da war ich schon!"

"Aha ..." Ich stelle mich vor den Whirlpool, schaue mich um, winke meinen neuen Mitarbeiter zu mir und frage ihn: "Okay ... Wenn du einer von ihnen wärst, wo würdest du den Stein verstecken?"
James schaut sich um, zuckt mit den Achseln und antwortet: "Keine Ahnung! Hier gibt es eine Million Verstecke. Vielleicht im Deckel eines Getränks?"
"Du meinst ... Okay, dann mal los!" Wir eilen an die Bar und öffnen alle Flaschen. "Mach sie gefälligst wieder zu und stell sie hin, wo du sie hergenommen hast. Mann! Du bist doch kein Anfänger, oder?"
James verzieht den Mund und sagt gereizt: "Das nervt mich! Dass wir immer alles so akribisch machen müssen. Wenn ich das gewusst hätte ..."
"Tja, Augen auf bei der Berufswahl!"
"Zu spät!", antwortet er grinsend und fängt an, die Flaschen wieder einzuräumen. Ich muss mich nicht darum sorgen, dass alles wieder an seinen Platz kommt, weil er über ein unglaublich gutes fotografisches Gedächtnis verfügt. Das ist im Prinzip Bedingung für unseren Job und es gibt nur wenige Ausnahmen, welche sie nicht erfüllen. Aber die haben dafür andere brauchbare Fähigkeiten. Im besten Fall ergänzt man sich. Mit James und mir klappt es

schon ganz gut.

Um die Bindung zu verstärken, verrate ich ihm ein Geheimnis. "Weißt du ... Der Penner war nicht der erste ... Also nicht der Anfang ... He, such weiter und mach den Mund zu!" Ich taste nochmal alle Fächer, alle Regale ab. "Weißt du, mein Alter war ne echte Kackfresse! Als ich noch ein Junge war, hat er mich regelmäßig nachts aufgeweckt. Mit einem Faustschlag – mitten in die Fresse. Nur weil kein Bier mehr da war. Ich musste dann in den Keller. Und wenn ich mit den Flaschen oben ankam, erhielt ich als Dankeschön gleich nochmal einen Schlag ins Gesicht – dann durfte ich wieder ins Bett."
"Was war mit deiner Mutter? Hat die dich nicht beschützt?"
"Wie denn? War schon froh, dass sie nur ab und zu ein Veilchen hatte. Die hat's nicht leicht gehabt mit ihm."
"Mit dir auch nicht!", witzelt James und fährt mit den Händen unter den Möbeln entlang.
"Ja, aber von dem Kackgesicht habe ich sie befreit."
"Echt?"
"Logo! Was sollte ich denn machen? Weiter zusehen? In der Schule hat mir irgendwann keiner mehr geglaubt, dass

ich zwei Mal die Woche gegen einen Schrank gerannt bin; die Treppe herabstürzte; auf dem Bolzplatz vom Gerüst fiel ... Das war ganz schön schwierig!"
"Ach so und daher hast du ... Klaro!" James schaut hoch, grinst mich an und fragt: "Und wie? Wie hast du ihn ..?"
"Es war mehr ein Versehen. Aber danach habe ich kapiert, dass ich sowas im Prinzip machen kann, weißte?"
"Killer werden? Mächtig gewaltig!"

"Wir wohnten in einem winzigen, uralten Häuschen. Keine Ahnung, ob man da schon auf Erdung der Kabel beim Bau geachtet hat? Jedenfalls habe ich nur ein wenig am Toaster herumgebastelt ... Das war eigentlich alles. Und als die Kackfresse auf dem Boden herumzappelte, habe ich mich nicht an den Sicherungskasten getraut. Der war im Keller. Den habe ich gehasst. Bin nur runter, wenn er mich gezwungen hat; oder mich unten einsperrte. An dem Tag war meine Mutter kurz weg – ihr Glück! Ich musste einfach nur abwarten. Ging relativ schnell. Ich hab vom Flur aus gesehen, wie er durch die halbe Küche geflogen ist. Er hat mich angeglotzt, sich gewunden, gezittert garantiert mehr als Espenlaub, gezuckt, sich geschüttelt. Bis ich vielleicht doch in den Keller wäre,

wäre es längst zu spät gewesen – zum Glück!"
"Boah Bro! Und dann? Hat jemand Verdacht geschöpft?"
"Kann sein. Aber die Kackfresse war im gesamten Ort unbeliebt. Jeder wusste, dass er uns daheim fertig gemacht hat. Auf der Beerdigung zwinkerte mir der Pfarrer zu – ausgerechnet der! Ich glaube, er hat was geahnt. Aber ohne Beweise? Ich war ja erst vierzehn!"

"Krass! Und als dein Alter weg war, war alles gut?"
"War kurz im Heim. Da war es gar nicht so schlecht. Aber dann hat meine Mutter mich wieder geholt. War auch okay. Jedenfalls besser als früher ..."
"Hast du ihr je erzählt, was damals passierte?"
"Spinnst du? Natürlich nicht! Bin nur nicht sicher, ob sie den Braten roch ... Aber wir haben nie darüber geredet; kein einziges Mal."

Mein Mitarbeiter schaut mich mit Bewunderung an und sagt: "Apropos Frauen ... Als ich mich für den Beruf entschied, habe ich mir vorgenommen, keine Frauen und Kinder wegzuputzen. Hm!"
"Hat ja bis gestern auch geklappt! Respekt nochmal! Wirst ne fette Prämie kassieren!"

"Ja, aber die hatte nen geilen Arsch. Ich hätte sie ja gerne mal ..."
"He, eben hast du noch gesagt, dass du Frauen nicht anfassen wolltest."
"Ja schon, aber ..."
"Sowas machen wir nicht! Schon aus Zeitgründen. Gehste halt nach unserem Job mal wieder ins Bordell. Easy! Apropos, wir halten uns hier eh schon länger auf als geplant. Das ist uncool! Schau nochmal mit der Suchapp!"
James schaut mich verdutzt an: "Echt? Mit dem Ding haben wir die halbe Nacht gesucht! Dieses Gas ist übrigens der Hammer!"
"Ja", sage ich, "man muss nur mit der Dosierung aufpassen. Das war knapp! Dieser Typ war ein harter Hund! Nach der Dosis hätte er noch mindestens drei Stunden länger schlafen müssen! Wir hätten den Stein vielleicht gefunden und hätten ihn nicht befragen müssen."
James sagt witzelnd: "Na ja, die Befragung war ziemlich kurz ..."
Ich erwidere: "Der hätte eh nichts herausgerückt. Wahrscheinlich nicht mal, wenn wir ihm alle Finger

abgeschnitten hätten – was wir eh vermeiden. Ist ne riesige Sauerei! Los, mach nochmal die App an!"
James nickt und zieht das Handy aus der Tasche. Er schaltet es ein, öffnet die App und schleicht durch den Raum. "Ich sag doch, der Stein ist nicht in der Nähe der Bar!"
"Aber draußen haben wir schon alles fünf Mal umgedreht. Diesen Typen ziehen wir jetzt nicht nochmal aus dem Pool!"
"Was soll ich machen? Dort schlägt es eben am heftigsten an!"
"Du meinst, er hat ihn geschluckt?"
"Nee, das hätte die App vorhin angezeigt."
Ich lasse mich für einen Moment nieder und springe wieder auf. "Wir können auf keinen Fall ohne den Diamant zurückfliegen. Los lass uns draußen nochmal schauen!"

Wir beugen uns über den Beckenrand. Im Wasser ist nichts weiter zu sehen, als der Tote, seine beiden Handys am Grund und ein furchtbar kitschiges, hellblaues Badekissen, welches einsam gegenüber am Rand treibt. Die wenigen Möbel haben wir schon mehrfach gecheckt,

genau wie den Sonnenschirm, die Hollywoodschaukel und die Filteranlage des Pools.
James sagt: "Ich hab Kohldampf! Wie wäre es, wenn wir was futtern und dann nochmal herkommen? He, beim Essen kommen mir meistens die besten Ideen!"
Ich erwidere: "Wirklich? Bei mir kommen die immer aufm Klo!" Ich schaue meinen Assistent aufmerksam an. Er ist gestern über seinen Schatten gesprungen, hat nen genialen Job abgeliefert und durchsucht schon seit Stunden die Bude mit mir. Okay – verdient! "Gut, dann zieh deine Klamotten an. Wir machen ne kleine Pause!"
James tastet seinen Anzug ab, der über den Armlehnen der Hollywoodschaukel hängt und motzt: "Ist noch nicht trocken! Schätze damit fallen wir auf?"
"Nee, der Dylan ist gerade hier. Man wird denken, wir gehören zu seinen Leuten!"
"Wer? Bob? Hast du mir vorher gar nicht gesagt. Wieso nicht?"
"Wieso doch? Hättest du mal auf einen Sprung dort reingeschaut, dir ein Autogramm geben lassen?" Wir lachen. Er schlupft in sein Jackett, fährt mit den flachen Händen über den feuchten Zwirn und erwidert gespielt trotzig: "Why not? Weißt du, es ist schon ein bisschen

komisch, was wir machen, oder? Bist du schon mal in eine richtig brenzlige Situation gekommen?"
"Doch", sage ich, "kam schon ab und zu vor. Aber selbst wenn man uns auf frischer Tat ertappt ... Unser Arbeitgeber sperrt uns doch nicht weg! Immerhin ist unsere Reinigungsfirma zuverlässig. Ohne uns sind die nix! Vergiss nicht, dass wir für die gute Seite unterwegs sind!"
"Ja, klar! Fertig! Von mir aus können wir!"
Am Eingang vergewissern wir uns, dass der Hebel noch auf *do not disturb* steht, ziehen die dünnen Handschuhe aus, stecken sie in die Taschen, setzen unsere Sonnenbrillen auf und marschieren los.

## Ein selbsternannter Stadtführer?

Der Taxifahrer dreht sich zu mir um und fragt: "Darf ich Sie da vorne rauslassen? Sie haben ja kein großes Gepäck!"
Wow, denke ich, dachte so etwas passiert nur in Berlin.

Was soll's. Ich stimme zu und packe Joes Luzi ein. Der Fahrer hält an der nächsten Ampel. Also zahle ich schnell, gebe ihm einen ganzen Dollar Trinkgeld. Soll einer behaupten, ich sei geizig. Stimmt doch gar nicht!
Ich laufe aufs Hotel zu. Plötzlich tippt mich einer von hinten an. Er läuft schneller, holt auf, und fragt lächelnd: "Gehen Sie auch ins Palast Planet?"
Ich mustere ihn kurz, wundere mich über seine billige Kleidung und denke, er arbeitet vielleicht dort? Die haselnussbraunen Augen strahlen Ruhe aus. Sein karamellfarbenes Gesicht zeigt milde Züge. Es erinnert mich an Fuchur aus der unendlichen Geschichte. Wahrscheinlich ist er ein freundlicher Mensch? Einer, der immer versucht, alles richtig zu machen, aber es gelingt nur schwer? Gleich wird er die Hand aufhalten und nach Geld fragen, oder? Ich sage kurz angebunden: "Yes!"
Er fragt zurück: "Arbeiten Sie dort?"
Ich frage: "Wieso?"
"Na, Sie haben kein Gepäck! Oder wohnen Sie da schon länger?"
Ich beschleunige meinen Schritt.
Er auch. "Haben Sie es eilig?", fragt er und fährt fort: "Ich könnte Ihnen Ecken in New York zeigen, die kaum ein

Tourist kennt!"
Ich möchte ja nicht unhöflich sein und frage zurück: "Sind Sie Stadtführer?"
Er lächelt breit und bestätigt. "Genau! Gut erkannt!"
Ich sage: "War ja auch nicht so schwierig!"
Er schaut mich interessiert an. "Sie sind Deutscher, stimmt's? In Deutschland war ich noch nie. Muss schön sein dort."
Mein Akzent! Ich nicke. Wir sind kurz vor der Einfahrt. Jetzt fuchtelt er nervös mit den Händen herum, redet schneller: "Was ist? Möchten Sie New York kennenlernen? Ich zeige Ihnen, was sie wollen!"
Ich sage desinteressiert: "Oh!", und beobachte, wie mehrere Uniformierte eine kleine Menschentraube davon abhalten, den Vorplatz zu betreten. Genau in dem Moment als ich den Fuß aufs Hotelgelände setze, eilt uns der Parkwächter entgegen. Mit fliegenden Armen scheucht er meinen Begleiter weg und ruft: "Nicht hier! Nicht schon wieder! Beim nächsten Mal rufe ich die Polizei!"
*Fuchur* sagt eindringlich: "Ich warte hier unten – falls Sie ..." Er dreht sich schnell weg und läuft los.
Der Parkwächter erreicht mich, fragt: "Hat er Sie belästigt? Ist alles in Ordnung?"

Ich fasse an meine Jackentasche, spüre, dass der Geldbeutel, mein Handy und die Luzi noch da sind, und sage: "Ja! Alles gut. Kein Problem!"
Der Parkwächter begleitet mich zum Eingang und übergibt mich an den Portier.

## Der Diamant

Rings herum sehe ich zum ersten Mal ein überdimensionales in die Wände eingelassenes Aquarium, in dem sogar kleine Haie schwimmen - in einem Hotel! Darüber und darunter die Fensterfront; am Eingang die Rezeption; in der Mitte eine Mega-Bar und drum herum einladende Sitzgruppen aus feinstem Leder und Samt. Selbst im Boden, auf dem ich gerade stehe, sind lange Aquarien eingelassen, mit quietschbunten Fischen unter meinen Schuhen.
Es duftet nach frischer Meeresbrise und Kräutern der Provence; und nach Kaffee. Aus den Lautsprechern ertönt

leise Musik; der Kaiserwalzer. Ich bin versucht mitzupfeifen, aber das lasse ich natürlich. Stattdessen halte ich inne und staune. Nicht dass ich mir das nicht leisten könnte, aber ich tue es selten. Wenn wir nicht auf online umgestellt hätten, wäre ich wahrscheinlich schon pleite. Die Papierabonnements werden von Jahr zu Jahr weniger. Und meine Mitarbeiter auch! Daher bin ich angewiesen auf Leute wie Joe. Der wäre mit der miesen Bezahlung als Festangestellter bestimmt nicht zufrieden. Und die Anton auch nicht!

Ich überlege kurz, ob ich mir den ersten Cappuccino gleich hier gönne, und verschiebe es. Das kann ich nachher auch mit Joe gemeinsam machen. Und mit der Anton – falls sie wieder aufgetaucht ist. Ja – wird sie wohl, sonst hätte Joe sicher nochmal angerufen. Wer weiß? Vielleicht haben sie ja doch gestritten? Ich predige ja immer: Beruf und Privatleben passt nicht zusammen! Aber auf mich hört ja keiner!
Auf einer Bronzetafel ist mit Silberpfeilen angezeigt, wo es zum Fitnessraum geht, zum Pool, zur Massage, zum Friseur, zur Bibliothek, zum Restaurant, zum Spielzimmer, zum Kino, zum Juwelier ...

Ein Kellner spricht mich leise an und fragt: "Möchten Sie sich setzen? Ich bringe Ihnen gerne die Karte. Oder wissen Sie schon, was Sie mögen? Es gibt praktisch nichts, was wir nicht haben!"
Ich wende mich ihm zu, sage: "Oh vielen Dank! Ich wünschte ich hätte Zeit. Später gerne!"
"Kann ich sonst behilflich sein?" Er lächelt mich kein bisschen gespielt an. Ich lächle zurück und sage: "Eine außergewöhnlich schöne Lobby haben Sie! Da kann der Trump Tower einpacken!"
Er lächelt noch breiter, bedankt sich und läuft weiter. Ich hasse Smalltalk! Aber manchmal geht es eben nicht anders. Muss ja nicht jeder mitbekommen, was ich hier mache und zu wem ich möchte. Oh, er hat ja gar nicht danach gefragt. Irgendwie habe ich ein komisches Gefühl in der Magengegend. Mal abgesehen davon, dass ich etwas zu essen vertragen könnte. Damit beruhige ich mich und denke, es ist bestimmt nur der Hunger. Egal, was Joe für mich hat, wir gehen zuerst essen. Das bestimme ich einfach. Bin ja schließlich der Boss und wer zahlt, schafft an!

Im Lift fasse ich nochmal an meine Taschen – immer noch alles da, stelle ich zufrieden fest. Klar! Wer sollte mich auch in so einem feinen Haus bestehlen? Ups, wie war doch gleich der Eingangscode? Ach ja, 919609. Im achtundzwanzigsten steigen die letzten Mitfahrer aus. Ich lehne mich erschöpft an die Spiegelwand, betrachte mich gegenüber. Ich sehe genauso aus, wie ich mich fühle – Augenringe bis zum Kinn und der Magen hängt in den Kniekehlen! Der Zwangsaufenthalt am Flughafen hat mich geschlaucht. Hoffentlich erfordert Joes Story kein sofortiges Handeln. Am liebsten würde ich schnell was essen, und mich danach für ein paar Stunden aufs Ohr legen. Aber gut, was tut man nicht alles für eine gute Geschichte. Das werde ich jetzt auch noch schaffen. Ich gebe den Kram an die Redaktion weiter und dann sollen sie loslegen. Die können das auch ohne mich!

Die Aufzugtüre geht auf. Draußen stehen zwei sonnenbebrillte Männer in dunklen Anzügen. Sie treten zur Seite, lassen mich raus, steigen ein, die Türe schließt. Ich wundere mich etwas über den Geruch. Wusste gar nicht, dass es ein Rasierwasser gibt, das nach Chlor stinkt. Und gleichzeitig irgendwie muffig. Das passt nicht zum

Äußeren der beiden, aber es kann mir egal sein. In einem Haus, wie diesem, darf schließlich jeder machen, was er will; solange er zahlt! Ach stimmt, habe unterwegs gelesen, dass Dylan hier ist. Vielleicht gehören die beiden zu seinen Leuten?

Scheint eine Spezialetage zu sein. Extrem fein, nichts los! Keiner da außer mir – totenstille. Die meisten Hebelchen stehen auf *do not disturb*. Nicht mal Angestellte wuseln herum – kein Servicewagen in Sicht. Ich laufe den langen Flur entlang und denke, hä, da kommt doch jetzt nichts mehr, oder?
Doch dann stehe ich vor der 3030. Aha! Ich überlege, ob ich höflich klopfe, aber Joe hat gesagt, ich soll einfach reinspazieren. Hoffentlich ist er da – der Spinner! Und die Anton auch! Ich glaube, ich halte den Stress als Verleger nicht mehr lange aus. Wenn das so weitergeht, setze ich mich demnächst zur Ruhe. Leckt mich, macht doch euren Kram alleine. Von wegen Lügenpresse und so weiter. Die spinnen doch alle!

Ich fahre den Zeigefinger aus und gebe den Nummerncode ein. Es summt leise, ich drücke gegen die

Türe und trete ein. "He Joe!", rufe ich, "bin da! Miriam? Joe?"
Keine Antwort. Also öffne ich die nächste Türe und glotze in ein Wohnzimmer, welches ich mir selbst als Verleger nur schwer leisten könnte. Außer, ha ha, ich veräußere meine Oldtimersammlung? Aber selbst wenn ... Reicht wahrscheinlich auch nicht. Alleine der fette Whirlpool in der Mitte ... Krass geil! Die Zedernholzbar ... Mega! Die Einrichtung und die Kunstwerke an der Wand – ein Vermögen! Respekt Joe, denke ich. Das muss echt ein fettes Ding sein – diese Story. Gleich geht die seitliche Türe auf und Mohammed bin Salman kommt rein? Mit meinen Leuten! Ha!

Auf dem Marmortisch steht eine Tasse Kaffee. Nur eine! Also ist die Anton noch nicht da? Neben der Tasse liegen weiße Baumwollhandschuhe. Das sieht irgendwie schlampig aus. Aber ich kann mir nicht vorstellen, dass Angestellte in so einem feinen Haus einfach ihre Utensilien hier vergessen. Ich rufe nochmal: "Joe?!" Mist, ich bin hundemüde. Vielleicht mache ich das Beste aus der Situation, haue mich auf die Couch und döse kurz?
Gedacht – getan. Ich ziehe meine Schuhe aus und sinke

mit meinem Kopf auf den Kissenberg. Das tut gut! Sachte atme ich dreimal ruhig ein und wieder aus, wie beim Yoga, für das ich viel zu selten Zeit habe. Dann richte ich mich auf und fasse außen an die Kaffeetasse. Sie ist kalt! Also ist Joe schon länger weg? Dann kommt er sicher gleich wieder. Immerhin war *er* es, wegen dem ich extra hergekommen bin. Ich bin ein bisschen beleidigt, dass dieser Spinner so mit meiner wertvollen Zeit umspringt. Hoffentlich lohnt sich das wirklich!

Schließlich stehe ich doch auf und wandere auf Strümpfen in Richtung Balkon. Noch bevor ich die Türe erreiche, fährt mir ein ungeheurer Schreck durch sämtliche Glieder. Da treibt einer im Wasser! Joe!!! Mit dem Gesicht nach unten! Ich renne los, springe mitsamt den Klamotten hinterher. Halb schwimmend, halb laufend, nähere ich mich ihm, so schnell ich kann. "Joe! Hey Joe! Joe!!! Scheiße!" Mit ausgestreckten Armen ergreife ich ihn, drehe seinen Körper und drücke meinen Mund auf seinen, auf seine Nase ... Puste Luft rein ... Sein Kopf gleitet unter meinen Händen weg. Ich schnappe ihn an den Haaren, halte ihn fest und puste nochmal, so doll es geht. Ich kann nicht in seine trüben Augen schauen; weiß, dass die kein Lebenszeichen mehr innehaben, will nicht wahrhaben, dass ...

Unter uns entdecke ich zwei Mobiltelefone. Eines davon kenne ich. Egal! Die sind jetzt eh hin! Ich hole tief Luft und probiere es nochmal. Aber Joe rührt sich nicht. Verzweifelt presse ich seinen Körper an meinen, wiege ihn wie ein krankes Baby und starre vorwurfsvoll gen Himmel. Der ist strahlend blau, kein Wölkchen in Sicht, kein Mitgefühl von oben ... Tränen rinnen aus meinen erschöpften Augen. Ich wische mit der nassen Hand über mein Gesicht und puste wieder Luft in Joe. Mit einer Hand schiebe ich das blaue Blümchenbadekissen weg und puste nochmal ... In dem Moment fällt mir unser Gespräch ein. Handschuhe! Badekissen! Beides hat Joe erwähnt. Ich ziehe meinen ehemaligen, besten Mitarbeiter an den flachen Rand und paddle mit einem Arm nach dem Kissen. Endlich erwische ich es, ziehe es zu mir und setze mich mit Joe auf dem Schoss auf die Treppe des Pools. Mit dem Rücken zum Wohnzimmer untersuche ich das Badekissen. Ich taste die Plastikblumen ab, drehe es hin und her und um, und fühle plötzlich einen Gegenstand unter einem der Saugnäpfe. Oh!

Wow! Joe! Das ist aber ein fetter Stein! Gleichzeitig denke ich, aber um den kann es nicht gehen! Ein Diamant – mehr nicht! Ich überlege fieberhaft, worüber wir noch gesprochen haben. Und was die Leiche am Flughafen mit Joe zu tun hat. Und wo die Anton bleibt. Unsinnigerweise puste ich immer wieder Luft in Joes Mund und Nase. Schließlich drücke ich seine Lider, mit der flachen Hand, endgültig zu. Mir ist plötzlich eiskalt, obgleich die Sonne ihre heißen Strahlen auf uns abschießt. Ich zittere am ganzen Körper, so sehr, dass ich meinen könnte Joe bewegt sich ... Ich muss Hilfe holen! Fuck! Zu spät! Die amerikanische Polizei wird mich einbuchten, bis an mein Lebensende. Erst der Stress am Flughafen und jetzt ... Joe! Und wo die Anton steckt, weiß auch noch keiner. Ihre Eltern drehen mir den Hals um. Ich habe ihnen fest versprochen, dass ich auf sie aufpasse. Aber das war am Anfang. Da war sie noch festangestellt. Trotzdem! Ich bin ein Loser! Und hier liegt das Ergebnis! Noch halb im Wasser sitzend, wiege ich Joe wieder, schüttle ihn, haue ihm vorsichtig mit der flachen Hand auf die Wangen, auf die Brust, sinke darauf und heule.

Plötzlich höre ich hinter mir ein Geräusch. Ich rufe: "Miriam?", und drehe meinen Kopf.
Im Türrahmen stehen die zwei Pappnasen, die vorhin in den Lift gestiegen sind. Der Bewaffnete sagt zu dem Kleineren: "Siehste, hab ich doch gesagt ... Dass der hierher will. Bei solchen Sachen liege ich meistens richtig!"
Sein Kollege erwidert: "Okay, Wette gewonnen! Ich dachte ..., ist ja auch egal!"
Ich starre die beiden mit offenem Mund an, lasse Joe ins Wasser gleiten und stehe mit erhobenen Händen auf.
Den Diamant klemme ich so zwischen die Finger, dass er von vorne nicht zu sehen ist. Der scheint doch wichtig zu sein? Wie zur Bestätigung fragt der Typ mit der Waffe überfreundlich: "Den Stein bitte!"
Sein Begleiter sagt: "Ich springe jetzt nicht nochmal ins Wasser. Mach ihn von hier aus kalt!"
Aha! Das sind Joes Mörder! Und jetzt erledigen sie mich. Und ich weiß nicht mal warum! Werde nie erfahren, weshalb ich nach New York gekommen bin. Ich ziehe aufgeregt Luft durch die Nase und presche nach vorne: "Ihr Arschlöcher! Welcher Stein?" Gleichzeitig fuchtle ich mit den Armen wütend in der Luft herum, wie ein

fuchsteufelswilder Italiener oder Araber und nutze die wenigen Sekunden, die mir noch bleiben. Ich hole aus und schleudere den Diamant mit vollem Schwung über die Brüstung. Die beiden schreien gleichzeitig: "Halt! Stopp!"

Und dann höre ich plötzlich einen lauten Knall. Der gilt nicht mir, denn ich ducke mich, und schwimme Joe hinterher. Ich tauche ab und paddle einfach los. Solange bis mir unter Wasser ein wilder Büffel entgegen galoppiert. Er trampelt drei Handys nieder. He! Das in der Mitte ist doch meines! Das Ungeheuer stößt einen Brüller aus, den ich komischerweise nicht höre; sehe nur das aggressive Gesicht und die Blasen, die aus Maul und Nüstern fliegen. Dann senkt er den Kopf, nimmt Anlauf und schleudert mich nach oben. Ich will schreien, aber ich kann nicht. Stattdessen fließt mir Chlorwasser den Hals hinunter und in die Nase und in die Augen und in die Ohren. Der Büffel dreht ab, nimmt wieder Anlauf und stürmt auf mich zu. Ich schaue mich um, greife nach Joes Körper und dem Badekissen ... Als kleinen Puffer – aber die Bestie ist verdammt schnell. Direkt vor mir stellt sie sich auf die Hinterbeine und stürzt sich auf mich. Die

Hufe kommen immer näher, knallen gegen meine Schultern und klammern mich fest ein. Ich spüre, wie er mich mit seinem riesigen Maul im Nacken packt, hin und her schleudert und nach oben zieht. Will er mich retten oder mich erledigen? Über Wasser – ich bin für einen Augenblick erleichtert – übergibt er mich an eine Krähe. Die beiden zwinkern sich zu. Sie kennen sich! Oder? Die Krähe hebt mit mir ab. In weiter Ferne, gerade noch sichtbar, fliegen noch zwei Krähen. Sie tragen Joe und die Anton in ihren Schnäbeln. Ich zeige auf sie und schreie nach oben: "Da lang!" Doch meine Krähe dreht ab und fliegt in die entgegengesetzte Richtung.

## Pepe

Dieser Typ hat ganz bestimmt Kohle und sieht trotzdem irgendwie nice aus. Bin gespannt, ob er mein Angebot doch noch annimmt? Außerdem wirkt er, wie jemand, den schwer zugängliche Orte interessieren könnten. Ich bin

eigentlich ganz gut im Beruferaten. Hm ... Also Jurist ist er nicht! Fabrikinhaber auch nicht! Neben dem intellektuellen Touch hat er was Grobes. Obwohl er nicht fett ist, wirkt er bullig. Aber nicht unangenehm. Er strahlt Stärke aus – genau! Trotzdem hat er mich nicht weggeschubst. Das machen manche ...
Ich lehne an einer riesigen Hauswand und beobachte die Menschentraube, welche sich Zentimeter für Zentimeter vorarbeitet und von den Sicherheitsleuten wieder und wieder zurückgedrängt wird. Dylan soll da drin sein – im Hotel. Keine Ahnung, was die an ihm finden? Mir geht sein Gejaule voll auf die Eier. Und wenn dann noch die Mundharmonika zum Einsatz kommt ... Holy shit! Zum Weglaufen! Nobelpreis! Für Songtexte! Wahnsinn!
Hat er echt die Welt verbessert? Wird man in 500 Jahren noch seine Lieder spielen? Mir fällt *How many Roads* ein. Heißt das so, oder beginnt das Lied nur mit diesen Worten?

Ich stoße mich von der Wand ab, stecke die Hände in die Hosentaschen und latsche nochmal ums Hotel. Der Parkwächter schaut schon wieder so komisch. Keinen Bock auf Polizei.

Meine Frau und ich wohnen jetzt schon über zwei Jahre im Auto. Anfangs dachten wir, es dauert höchstens drei Tage oder vielleicht Wochen. Inzwischen ist eine kalte Dusche Luxus für uns. Meistens schmuggeln wir uns in ein Restaurant und waschen uns auf dem Klo. Letzte Woche wurde meine Frau dabei erwischt und rausgeworfen. Wie im Film. So mit Schubsen von der Eingangstreppe und hinterherschimpfen. Aber wenn wir schmuddelig sind, fühlen wir uns nicht wohl und keiner kauft uns etwas ab. Schon gar keine Tour durch New York.
Zudem wird es immer schwieriger, unseren erwachsenen Kindern keinen Besuch zu erlauben. Mal sind der Herd und gleichzeitig die Waschmaschine kaputt; dann gibt es einen Wasserrohrbruch; wir renovieren gerade; wir sind krank oder nicht daheim; besuchen Freunde; oder Freunde besuchen uns.

Ich lege den Kopf in den Nacken, gaffe hoch. Dieses endkrasse Hotel, in das ich niemals gelangen werde, nicht mal in die Eingangshalle, geschweige denn bis aufs Klo, haben sie von oben bis unten mit Halbedelsteinen verkleidet. Wenn die Sonne darauf scheint, blendet es so

sehr, dass sich bereits Autofahrer darüber beschwert haben. Es gab sogar schon Unfälle. Aber der Eigentümer behauptet, die Verkehrsteilnehmer hätten nicht auf die Straße geschaut.
Ich laufe weiter und ertappe mich beim Summen. *How many roads ...*
Früher habe ich auch gesungen. Aber nicht so, wie Dylan – eher wie Elvis oder so. Aufrecht. Mit stolz geschwellter Brust. Nicht versteckt hinter einer Gitarre oder einer Mundharmonika. Oh, jetzt fällt mir der Refrain ein. Ganz leise singe ich vor mich hin: "The answer my friend – is blowing in the wind. The answer is ... Aua! Hey!" Ich schaue vorwurfsvoll hoch. Etwas hat mich am Kopf getroffen und ist dann über meine Schulter gerollt. Ein Vogelschiss war das nicht! Ich reibe über die schmerzende Stelle am Kopf, betrachte meine Finger. Da ist kein Blut zu sehen – aber eine kleine Beule wird es schon geben. Oder eine Delle? Ich grinse und suche den Boden ab. Wenn etwas heruntergefallen ist – ist auch etwas gelandet!

Da! Wow! Ich bücke mich und hebe einen riesigen Diamant auf. Ist der echt? Wenn er aus so einem feinen

Hotel purzelt wahrscheinlich schon! Ist das Diebstahl? Ich lege den Kopf wieder in den Nacken und glotze hoch. Aber da ist niemand, der mir zuruft: "Hey, das ist meiner! Er ist versehentlich heruntergefallen! Warte gefälligst du Strauchdieb! Hau bloß nicht ab! Ich krieg dich! Egal in welche Richtung du rennst! Bleib gefälligst stehen wo du jetzt bist! Ich komme runter!"
Vielleicht hat ihn jemand mit Absicht heruntergeworfen? Eine wütende Ehefrau, die sich einen größeren Diamant gewünscht hat? Oder ein exzentrischer Milliardär, der einmal im Jahr einen fetten Stein aus dem Fenster wirft und meint, er täte so der Gesellschaft genüge? Oder ein kleines Kind beim Spielen, ohne zu wissen, wie wertvoll der Diamant ist? Vielleicht war die Nanny nur kurz auf dem Klo ... Ich lächle zufrieden und stecke den Fund in meine Hosentasche.

Am liebsten würde ich vorne beim Parkwächter vorbeigehen und ihm zurufen: "Bis morgen!" Der würde Augen machen, wenn ich plötzlich in feinstem Zwirn vorführe. Er müsste mir die Wagentüre aufhalten, mich zum Portier begleiten, und der müsste mir ein Autogramm von Dylan besorgen! Das würde ich dann meistbietend ...

Ach Unsinn. Geld hätte ich ja dann eh genug. Und meine Frau auch! Die Kinder dürften uns endlich wieder besuchen! In der neuen Wohnung! Einer Dreizimmerwohnung! Mit zwei Bädern! Mindestens!

Als Allererstes mache ich den Stein zu Geld! Wenn man lange genug auf der Straße haust, dann weiß man, an wen man sich wendet, um wenigstens den halben Wert einer Sache bar auf die Hand zu bekommen. Ich springe in die Luft, reiße die Arme hoch, schlage die Fersen zusammen, brülle nach oben: "Jippi!", und renne los. Mir egal, wie die anderen glotzen! Ich werde mich sputen, habe es eilig, meine Frau mit dem fetten Batzen Geld zu überraschen. Und dann?
Dann fliegen wir nach Dubai; oder auf die Malediven; oder die Seychellen; oder nach Ägypten. Für mindestens drei Wochen!
Wir essen alles was wir wollen und so oft wir wollen und baden jeden Tag! Genau! Das machen wir!
Einen richtig fetten: PAUSCHALURLAUB! Fünf Sterne! Mit allem Drum und Dran! JUCHUUU!!!

**Ein paar Worte der Autorin:**

Ja, natürlich hätte ich eine gemeine Heldengeschichte daraus machen können, aber die hätte mich zu Tode gelangweilt. Der Satirefaktor spielt meistens eine Rolle in meinen Geschichten. Mal abgesehen davon:

- der Gedanke schafft! *Belassen wir das als philosophische "Behauptung"*
- Es passiert eine fürchterliche Katastrophe, dann kommt eine Handvoll Hanserl oder gar nur einer und rettet die ganze Welt!!! *Schallendes Gelächter – was nicht heißt, dass ich nicht auch mal so eine Geschichte schreiben würde – mal schauen.*

Ich bin ja Realistin! ;-)))))

**Bitte** lasst das Buch nach dem Lesen in der U-Bahn liegen, oder im Zug, im Taxi, im Restaurant, in der Flughafenlounge, auf dem Uniklo, in der WG-Küche, im netten Café um die Ecke, im Park, im Schwimmbad, am Strand auf der Liege …

**Eure Kiki T.Lee**

Vorsichtige Ankündigung:

Mein nächstes Buch wird voraussichtlich eine Trilurgie sein. Ja, Trilurgie!

Endlich Mal eine kurzweilige Lektüre für alle Fußballhasser! Menschenfreunde! Und auf jeden Fall für Leute mit einer ordentlichen Prise HUMOR

Lobpreisungen, Heiligsprechung, Denkmalvorschläge, gutlaufende Aktien und Anleihen, Geldgeschenke, Gratis Luxusurlaube, Essenseinladungen im fünf Sterne Restaurant, Gutscheine, Adoptionsangebote wohlhabender Adeliger, konstruktive Kritik gerne an:

PauschalurlaubKTLee@web.de

Nicht gelesen oder gar beantwortet werden: Beschimpfungen jeglicher Art oder Beleidigungen, die nicht mal ich witzig finde.

Ich verspreche jetzt schon, dass ich mit den guten Kritiken angeben werde bis zum Geht Nicht Mehr.
Alles andere wird mich zum Nachdenken anregen, bevor es unter den Tisch fällt.

**Danke** an alle, die mich im Leben weitergebracht haben.
Ein besonderes **Dankeschön** geht an **J. K.**, der mir geduldig beistand, auch als ich mehrfach versucht habe das Buch selbst zu veröffentlichen und dachte, das dauert ja länger, als den Roman zu schreiben.
Ein fettes **Danke** geht an mein großes Vorbild, **Andreas Eschbach**, von dem ich einiges lernen durfte.
Und ein herzliches **Dankeschön** geht an meine **Online-Schreibgruppe**, in der wir uns regelmäßig gegenseitig loben, oder auch mal die Meinung geigen und hilfreich Kritik üben.

**Bitteschön – Gern geschehen**: Für alle, denen ich helfen kann, nicht jede Story für bare Münze zu halten. Falls jemand glaubt, was ich hier geschrieben habe – kleiner Tipp: Lies mein nächstes Buch. Da geht's richtig rund!
Aber: Pst! Das muss unbedingt geheim bleiben! ;-)

ISBN 978-3-7584-5940-5
9 783758 459405 00001
www.epubli.com